全球能源互联网研究系列报告

U0662222

非洲能源互联网研究与展望

全球能源互联网发展合作组织

中国电力出版社
CHINA ELECTRIC POWER PRESS

前言

　　能源事关人类可持续发展全局。当前世界面临资源紧缺、气候变化、环境污染、能源贫困等一系列重大挑战，根源是人类对化石能源的大量消耗和严重依赖。应对这些挑战，是实现人类可持续发展重大而紧迫的任务。从本质上看，可持续发展的核心是清洁发展，关键是推进能源生产侧实施清洁替代，以太阳能、风能、水能等清洁能源替代化石能源；能源消费侧实施电能替代，以电代煤、以电代油、以电代气、以电代柴，用的是清洁电力。全球能源互联网是清洁主导、电为中心、互联互通、共建共享的现代能源体系，为清洁能源在全球范围内大规模开发、输送、使用搭建平台，推动以清洁化、低碳化、电气化、网络化为特征的全球能源转型。构建全球能源互联网能够全面落实联合国"2030议程"和应对气候变化《巴黎协定》，保障人人享有清洁、可靠、可负担的现代能源，实现经济社会和生态环境的全面协调发展。

　　为加快推动全球能源互联网发展，自2016年以来，全球能源互联网发展合作组织对全球、各大洲、重点区域和国家能源互联网开展了系统深入研究。通过广泛调研、全面梳理分析全球经济社会、能源电力和气候环境等方面的数据信息，充分研究各国政府部门相关发展战略规划和政策，广泛吸纳有关国际组织、权威机构和企业的研究成果，应用先进的研究方法、模型和工具，对全球能源互联网发展愿景、路径和有关重大问题进行了研究和展望。目前已形成关于全球能源互联网及各大洲能源互联网的系列研究成果。系列研究成果首次针对全球范围的能源电力发展提出了系统性、全局性、创新性解决方案，对全球能源电力转型和清洁低碳发展进行顶层设计，填补了全球能源电力领域研究的空白，将为全球能源互联网和各大洲、重点区域和国家能源互联网发展提供决策参考，对于加快能源绿色转型、应对气候变化、实现人类可持续发展具有重要意义。

　　本报告为系列成果之一，是基于非洲可持续发展需要，对非洲能源互联网发展的系统谋划。内容共分7章：第1章介绍非洲经济社会、资源环境和能源电力发展现状；第2章分析非洲可持续发展和能源转型面临的挑战，提出非洲能源互联网发展思路；第3章在实现全球2摄氏度

温控目标的指引下，展望非洲能源电力转型发展趋势，提出情景预测；第4章研究清洁能源资源分布和大型发电基地布局；第5章基于电力平衡分析，研究提出电网互联总体格局和互联方案；第6章评估构建非洲能源互联网所能带来的综合效益；第7章展望实现全球1.5摄氏度温控目标的非洲能源电力清洁发展路径与情景方案。

希望本报告能为政府部门、国际组织、能源企业、金融机构、研究机构、高等院校和相关人员开展政策制定、战略研究、技术创新、项目开发、国际合作等提供参考。受数据资料和研究编写时间所限，内容难免存在不足，欢迎读者批评指正。

研究范围

　　本报告研究范围包括非洲 54 个国家。❶ 参考地理人文习惯、区域经济共同体（RECs）和区域电力池（Power Pools）成员情况，将它们划分为北部非洲、西部非洲、中部非洲、东部非洲和南部非洲 ❷5 个区域。

　　北部非洲　包括突尼斯、阿尔及利亚、利比亚、埃及、摩洛哥 5 个国家。

　　西部非洲　包括毛里塔尼亚、贝宁、科特迪瓦、布基纳法索、加纳、冈比亚、几内亚、几内亚比绍、利比里亚、马里、尼日尔、尼日利亚、塞内加尔、塞拉利昂、多哥、佛得角 16 个国家。

　　中部非洲　包括喀麦隆、中非、刚果 ❸、刚果民主共和国 ❹、加蓬、赤道几内亚、乍得、圣多美和普林西比 8 个国家。

　　东部非洲　包括布隆迪、埃塞俄比亚、肯尼亚、卢旺达、苏丹、南苏丹、厄立特里亚、乌干达、吉布提、坦桑尼亚、索马里、科摩罗、塞舌尔 13 个国家。

　　南部非洲　包括安哥拉、博茨瓦纳、莱索托、马拉维、莫桑比克、纳米比亚、南非、赞比亚、斯威士兰、津巴布韦、马达加斯加、毛里求斯 12 个国家。

---

❶　本报告对任何领土主权、国际边界疆域划定以及任何领土、城市或地区名称不持立场，后同。

❷　本报告中，北部非洲简称北非，西部非洲简称西非，东部非洲简称东非，为避免与中非、南非两个国家混淆，中部非洲和南部非洲不用简称。

❸❹　为方便表述和区分，本报告中刚果、刚果民主共和国分别称为刚果（布）、刚果（金）。

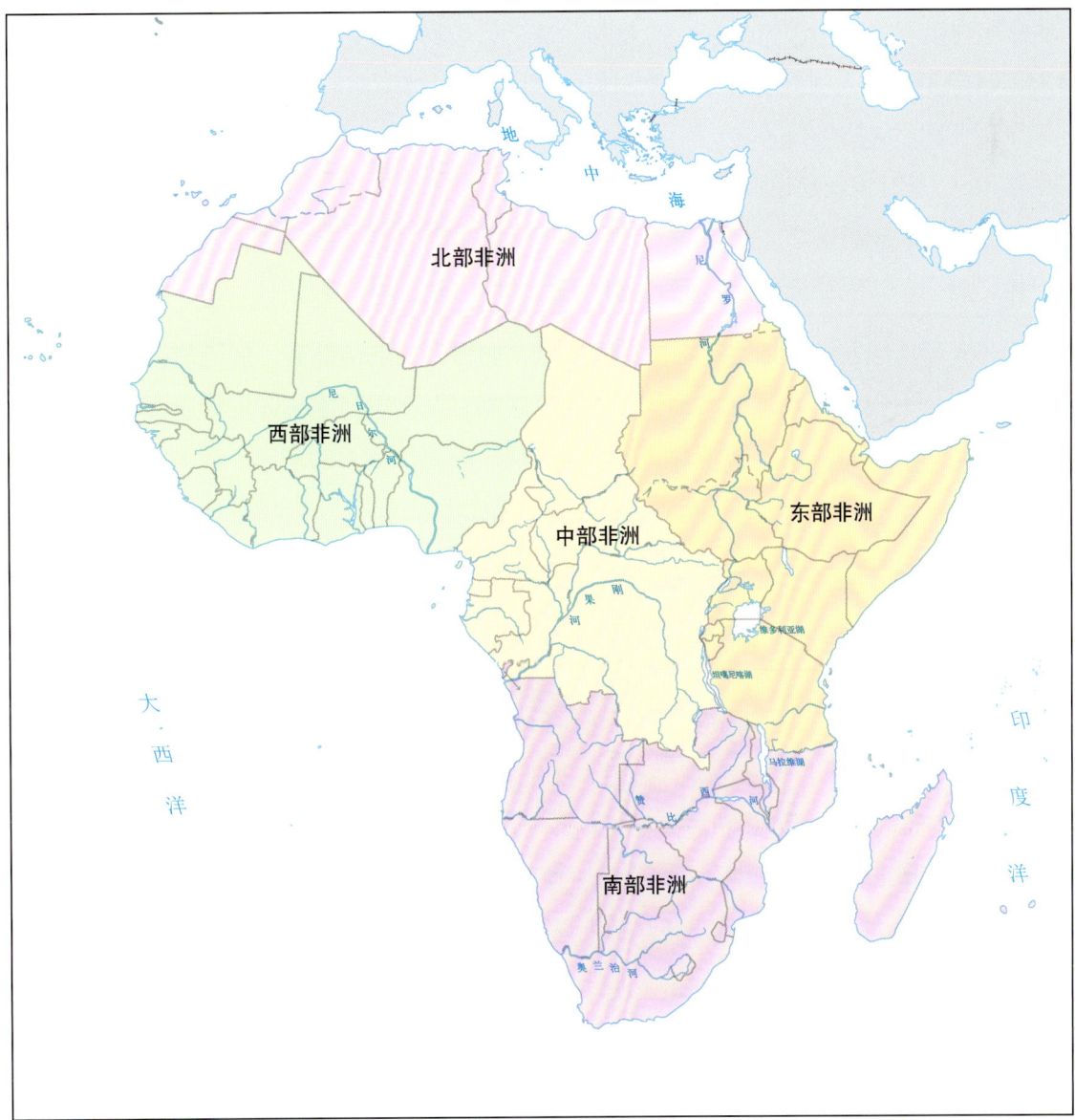

非洲研究范围示意图

摘要

非洲是全世界发展中国家最集中的大陆，是全球最具发展潜力的区域。近年来，非洲国家政治局势日趋稳定，人口红利不断释放，营商环境持续向好，已成为世界经济的重要增长极，正迎来以工业化、城镇化和区域一体化为特征的新时代。然而，非洲国家也面临发展基础薄弱、经济结构单一、基础设施建设滞后、能源电力保障能力和应对气候变化能力亟待提升等严峻挑战，需要秉持绿色低碳发展理念，依托丰富的清洁能源和矿产资源，加快电气化、工业化、清洁化、区域一体化进程，实现经济繁荣、社会进步和生态保护的全面协调发展。

实现非洲可持续发展，关键是立足资源禀赋，加快开发清洁能源，加强能源基础设施建设和互联互通，提升电力普及性，构建非洲能源互联网。以刚果河水电开发为引领，以多能互补方式统筹高效开发风能和太阳能等清洁能源，实现非洲能源电力的多元、清洁、可靠和经济供应；加强跨国跨区跨洲互联互通，构建清洁能源广域优化配置平台；加快能源消费侧电能替代，提升能源利用效率；推动"电－矿－冶－工－贸"联动发展，延长产业发展链条，拓展制造业和新兴产业增长空间。通过构建非洲能源互联网，可为非洲可持续发展提供坚强保障。

非洲能源电力需求将保持快速增长态势，能源发展呈现清洁化、低碳化、高效化特征，终端电气化水平显著提升。一次能源需求从 2016 年的 11.7 亿吨标准煤增长到 2035、2050 年的 19.2 亿吨标准煤和 25.5 亿吨标准煤，2016—2035 年和 2036—2050 年的年均增速分别约 2.7% 和 1.9%。2045 年前后，电能将超过生物质能和石油成为终端第一大能源；2050 年发电能源占一次能源比重和电能占终端能源比重将分别达到 46% 和 32%。非洲总用电量从 2016 年的 6366 亿千瓦时增长到 2035、2050 年的 2.3 万亿千瓦时和 4.0 万亿千瓦时，2016—2035 年和 2036—2050 年的年均增速分别约 6.9% 和 3.8%。

非洲电力供应实现水、风、光、地热等多种清洁能源发电互补互济，不断提升电力安全、经济、可靠供应能力。电源总装机容量从 2016 年的 1.9 亿千瓦增长到 2035、2050 年的 7.1 亿千瓦和 13.1 亿千瓦，清洁能源装机占比从 23% 提高到 62% 和 77%，其中非水可再生能源装机占比从 6%

提高到 41% 和 55%。清洁能源开发集中式和分布式并举，在资源优质、开发条件好的地区开发大型清洁能源基地，整体形成刚果河、尼罗河、赞比西河、尼日尔河流域四大水电基地，埃及马特鲁、埃塞俄比亚吉吉加、南非弗雷泽堡等 12 个风电基地和埃及明亚、尼日利亚卡诺、苏丹栋古拉、纳米比亚卡拉斯堡等 21 个太阳能基地，2050 年水、风、光清洁能源基地总装机容量分别达到 1.9 亿、5200 万、2.2 亿千瓦。

非洲电力流将总体呈现"洲内中部送电南北、洲外与欧亚互济"的格局。西部非洲和南部非洲矿产资源丰富，电能需求增长潜力巨大，目前化石能源电源占比较高，本地清洁能源资源有限，未来将成为非洲主要的电力受入中心。中部非洲和北部非洲清洁能源资源丰富，通过大规模、集中式开发刚果河水能、北非太阳能资源，将成为非洲清洁能源基地。东部非洲先期通过尼罗河水电、东非大裂谷地热能开发满足区内及周边用电需求，远期随着需求进一步增长，也将成为电力受入中心。2035、2050 年，跨洲跨区电力流规模分别达到 6700 万、1.41 亿千瓦。

非洲总体形成北部、中部和西部、东部和南部三个同步电网，同步电网之间通过超／特高压直流实现异步联网。三大同步电网均升级为超／特高压交直流混合电网，内部各国全部实现 1000/765/500/400 千伏等交流跨国联网。同步电网间通过 ±1100 千伏特高压直流、多回±800 千伏特高压直流和 ±660 千伏直流加强异步联网，实现大型清洁能源基地直接送电主要负荷中心。到 2050 年实现除岛屿国家外大部分国家和区域电网互联，并跨洲通过直流通道与欧洲、西亚互联。**北部非洲**建设 1000 千伏交流输电走廊，加强区域 500/400 千伏电网，提高清洁电力汇集与配置能力；建设北非向欧洲跨海输电通道、北非与西亚输电通道，并与中部、东部非洲互联。**西部非洲**建成东部"一横三纵"和西部"三横两纵"765 千伏主网架，覆盖清洁能源基地和矿业工业园区等负荷中心；跨区通过 6 条直流通道受入刚果河、萨纳加河水电，满足矿业发展电能需要。**中部非洲**形成贯穿南北的 765/400 千伏交流输电通道；跨区刚果河、萨纳加河水电通过直流送电西部、南部和东部非洲负荷中心，并与北非太阳能电力联合调节送电

欧洲。**东部非洲**建成765/500千伏交流输电通道和区域400千伏双环网，连接清洁能源基地和负荷中心，加强各国电力交换能力；跨区建设东非与西亚，南部、北部、中部非洲直流互联通道，实现多种清洁能源大范围互补互济。**南部非洲**形成765/400千伏交流电网，建成东部、西部765千伏纵向通道，加强400千伏交流横向联系，跨国电力交换能力和供电可靠性大幅提升；跨区建设中部非洲—南部非洲直流通道，受入刚果河水电，与东非形成交直流混联格局，实现多能互补、丰枯互济。

2050年前，共建设10项跨洲、12项跨区和5项区内重点互联互通工程，支撑清洁能源基地电力送出、互补互济和汇集消纳。跨洲建成2个±500千伏、4个±660千伏和4个±800千伏直流工程，输送容量5400万千瓦；跨区建成2个±660千伏、9个±800千伏、1个±1100千伏直流工程，总输送容量8500万千瓦。各区域内，北部非洲新建1000千伏特高压交流工程，线路路径全长约8200千米；东部非洲建设765/500/400千伏纵向输电走廊工程，新建线路路径全长5300千米，其中765千伏2800千米；西部非洲、中部非洲分别建设765千伏交流联网工程，线路路径全长分别约3200千米和4000千米；南部非洲建设765/400千伏交流输电走廊工程，新建765千伏线路路径4900千米、400千伏线路路径2800千米。

构建非洲能源互联网综合效益显著。经济效益方面，到2050年，非洲能源互联网总投资约3.2万亿美元，对非洲经济增长的年均贡献率约2.1%。**社会效益方面，**可有力带动能源电力基础设施和上下游产业发展，支撑采矿、冶炼、加工等工业发展，累计新增超过1亿个就业岗位，大幅降低发展成本，减少能源贫困。**环境效益方面，**可有效减少温室气体排放，到2050年，能源系统二氧化碳排放降至17亿吨/年；有效减少气候相关灾害，减少大气污染物排放，到2050年可减少排放二氧化硫300万吨/年、细颗粒物70万吨/年，提高土地资源价值14亿美元/年。**政治效益方面，**可增强政治互信，加快区域一体化进程，促进各国政府、企业和国际组织紧密合作。

着眼于助力实现全球 1.5 摄氏度温控目标，非洲需要积极应对工业化、城镇化发展带来的碳排放压力，实现清洁低碳发展，加大能源电力清洁化、电气化、互联化发展力度。与助力实现全球 2 摄氏度温控目标相比，进一步压减化石能源，2050 年一次能源中化石能源需求减少52%；提升清洁能源开发比例，2050 年清洁能源电源装机容量增加 49%；加快电能替代，2050年终端电能占比提升约 10 个百分点；加强电网互联互通，跨洲跨区电力流增加 3000 万千瓦；加大投资力度，到 2050 年清洁能源开发和电网建设投资累计增加 20%。

目录

目录

图表目录

■ 图目录

■ 表目录

1

非洲发展基本情况

非洲位于东半球西部，东濒印度洋，西临大西洋，纵跨赤道南北，面积约 3022 万平方千米，占全球陆地总面积的 20.4%，是世界面积第二大洲，也是人口第二大洲。近年来，非洲政治局势日趋稳定，人口红利不断释放，营商环境持续向好，依托丰富的矿产资源和清洁能源资源，非洲正迎来以工业化、城镇化和区域一体化为特征的新机遇，并成为世界经济的重要增长极。

1.1 经济社会

1.1.1 宏观经济

2017 年非洲国内生产总值（GDP）约为 2.3 万亿美元，占全球 2.9%，其中，北部非洲、西部非洲和南部非洲 GDP 分别为 5907 亿、5702 亿和 5969 亿美元，均约占非洲总量的 26%；中部非洲 1213 亿美元，约占非洲的 5%；东部非洲 3867 亿美元，约占非洲的 17%。2017 年，非洲 GDP 总量排名前三的国家分别是尼日利亚 3757 亿美元、南非 3489 亿美元和埃及 2354 亿美元。2005—2017 年非洲 GDP 总量如图 1-1 所示，各国经济社会概况详见附表 2-1。

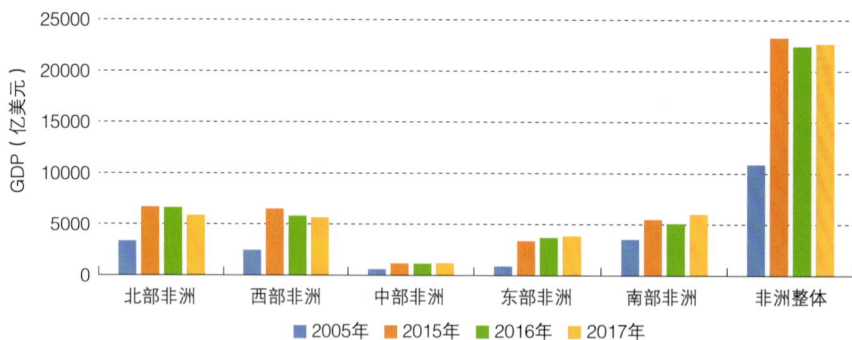

图 1-1　2005—2017 年非洲 GDP 总量 ❶

非洲经济发展进入快车道。 非洲已成为最重要的世界新兴市场和全球经济新的增长极。21 世纪以来，非洲经济年均增长超过 4%，是全球经济增长最快的区域之一。随着本土新兴经济体在非洲涌现，更是推动了非洲整体的经济发展，过去十年，非洲经济总量翻番，预计未来仍将保持强劲增长势头，2050 年达到 2015 年的 3 ~ 6 倍，如图 1-2 所示。外部市场空间扩大。自 2006 年至今，撒哈拉以南非洲对美国、欧盟的贸易出口额分别下降了 66% 和 5%，但对印度、印尼和俄罗斯等新兴经济体的出口额翻了一番。未来，非洲对外贸易伙伴从发达国家转变为新兴经济体将是主要趋势。❷ 中非贸易也保持高速增长，据中国海关统计，2017 年，中国与非洲进出口总额约为 1700 亿美元，同比增长 14.1%。

---

❶ 数据来源：世界银行。
❷ 数据来源：布鲁金斯学会，展望非洲，2018。

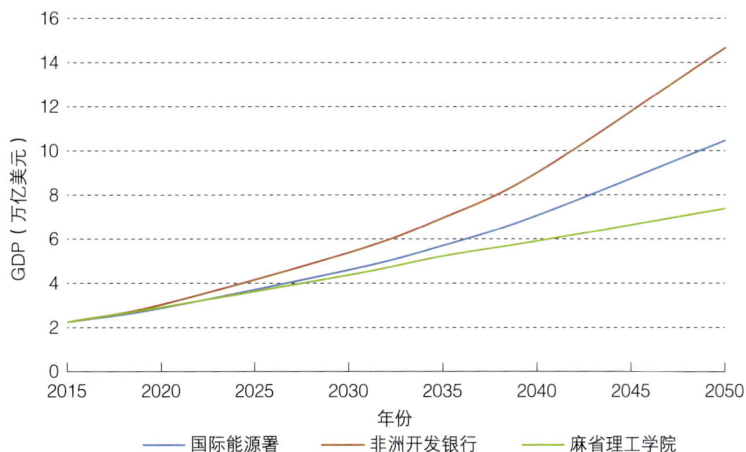

图 1-2　非洲长期经济增长情况预测 ❶

1.1.2　人文社会

　　人口红利不断释放。非洲人口增长较快。2017 年非洲人口为 12.4 亿，占全球人口的 17%。区域内人口大国包括尼日利亚 1.86 亿、埃塞俄比亚 1.06 亿、埃及 0.96 亿。根据联合国预测，非洲人口增长率世界最高，预计 2050 年将达到 25 亿。❷ 2015—2050 年非洲人口增长预测见图 1-3。青年人口占比超过世界其他区域。到 2030 年，全球近一半劳动力人口增长将来自撒哈拉以南非洲，2050 年非洲适龄劳动人口将超过 15 亿，为工业化提供有力支撑，同时也将弥补全球老龄化所带来的劳动力短缺。

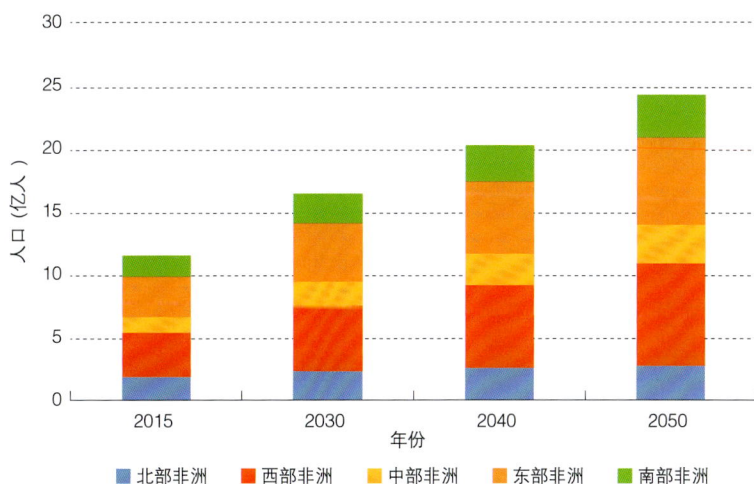

图 1-3　2015—2050 年非洲人口增长预测

---

❶ 数据来源：非洲开发银行，未来 50 年的非洲：通往包容性增长之路，2015。国际能源署，非洲能源展望，2015。麻省理工学院，能源与气候展望，2015。

❷ 数据来源：联合国，世界人口预测，2019。

　　城镇化水平快速提高。根据世界银行发布的报告，非洲城镇化进程不断加快。目前，非洲城镇人口为 4.72 亿，到 2040 年，这一数字将上升至 10 亿，非洲将成为全球城镇化最快的区域。预计到 2050 年，非洲城镇化率将达到 56%。❶ 城镇化水平的快速提高使得非洲中产阶级数量持续攀高，南非标准银行数据显示非洲现约有 3.5 亿中产阶级，展现出强劲的消费实力。未来，随着人口数量的快速增长，工业化和城镇化的推进，非洲内部消费能力将显著提升。

　　营商环境日益改善，迎来产业发展新机遇。非洲国家开展制度革新，提高政府管理和行政效率。根据 2016 年的易卜拉欣非洲治理指数（Ibrahim Index of African Governance），有 37 个非洲国家的政府管理分数得到提高。其中，乌干达、肯尼亚、毛里塔尼亚、塞内加尔和贝宁名列全球改革幅度最大的十个国家。积极建设国家级工业园区。扶持信息技术、通信、生物制药等多元新兴产业，推出具有吸引力、竞争力的优惠措施。注重提升非洲的全球竞争力，外资流入多元化。根据世界经济论坛 2016 年报告，卢旺达、肯尼亚、毛里求斯、加纳、塞内加尔等国的全球竞争力甚至超过了一些亚洲发展中国家。流入非洲的资本也随之增加，2017 年非洲的外部资金流入达到 1797 亿美元，且流向日益多元化，有助于非洲经济的多元化发展。非洲面临第四次产业转移的重大机遇。❷ 21 世纪以来，国际经济环境发生新变化，亚洲国家尤其是中国启动大规模的产业结构调整和升级，第四次转移正在进行中。非洲国家可利用自身后发优势，抓住国际劳动力密集型产业转移的"窗口机遇期"，加快建立现代化工业体系，在短时间内完成从低收入农业国向新兴工业化经济体的转型。

1.1.3　区域合作

　　非洲区域一体化进程不断加深，助力非洲经济腾飞。非洲基本实现了区域的和平与稳定，区域冲突降至历史最低点，积极参与国际政治体系和全球治理体系，成为国际政治舞台和世界格局中的重要参与者。一体化力量不断增强，将助力非洲经济腾飞。2018 年 3 月，非洲 44 个国家签署成立非洲大陆自由贸易区协议（AfCFTA），2019 年 7 月，非盟峰会正式启动自贸区建设。除厄立特里亚外，非盟其余成员国都已签署自贸协定，未来将进一步降低关税、消除贸易壁垒，促进区域内贸易和投资发展，实现商品、服务、资金在非洲大陆的自由流动，将非洲各经济体汇集成统一的大市场。据联合国非洲经济委员会预计，取消非洲内部贸易关税将有力促进区域内贸易，未来三年将提高约 52%，若同时减少非关税壁垒，非洲内部贸易额则有望翻番。实现市场一体化，不仅能够加强非洲国家之间的经济联系，释放整个非洲大陆的经济潜力，还能提升非洲与西方世界和其他经济力量平等对话的实力。

---

❶　数据来源：联合国非洲经济委员会。
❷　1945 年第二次世界大战结束以来，世界制造业发生了三次明显的大转移。第一次是 1950—1960 年，由美国向日本转移；第二次是 1970—1980 年，由日本向"亚洲四小龙"（韩国、中国香港、中国台湾、新加坡）转移；第三次是从 20 世纪 80 年代末开始，由"亚洲四小龙"向中国大陆转移。

专 栏	非洲大陆自贸区协议

　　"**非洲大陆自贸区**"（**AfCFTA**）于 2018 年 3 月成立，44 个非洲国家在非盟峰会上签署了自贸区框架协议。2019 年 5 月 30 日，自贸区协定通过生效门槛，正式生效。7 月 7 日，自贸区建设正式启动，除厄立特里亚外，非盟其余成员国都已签署自贸协定。非洲大陆自贸区涵盖 12.7 亿人口，经济总量超 2.5 万亿美元，是目前全球最大的区域性自贸区。按照自贸区协议规定，未来 5 年内（最不发达国家期限为 10 年）在货物和服务贸易方面将逐步实现 90% 商品零关税。

1.1.4　发展战略

　　非洲联盟和西非国家经济共同体等区域组织成为推动非洲区域发展的中坚力量，建立共同发展机制。非盟"2063 议程"提出非洲工业化的中长期战略构想，包括实施非洲工业发展行动计划，通过工业化发展提高生产力和自然资源的附加价值；推进城市化进程，实现城乡一体化均衡发展，消除贫困，提高人民生活水平；加速一体化进程，加快建立非洲大陆自由贸易区，促进人口、资本、货物和服务的自由流通，加速基础设施建设，以实现全面经济一体化。"2063议程"还提出了打造繁荣的非洲、打造政治团结的一体化非洲大陆、实现非洲的和平安全等七大愿景，描绘了 2063 年非洲的宏伟蓝图。非洲的各区域组织也制定了区域总体发展规划，主要围绕改善区域基础设施，提高工业附加值等方向，促进区域经济一体化和推动非洲工业化发展。非洲部分区域组织发展规划如表 1-1 所示。

表 1-1　非洲部分区域组织的发展规划

区域组织	发展规划	主要发展目标
南部非洲发展共同体	南共体工业化战略和路径蓝图（2015—2063）	推动南部非洲经济从商品型向知识型、技术型转变
西非国家经济共同体	2020 年远景规划	2020 年将西共体从国家的共同体发展为人民的共同体，建成共同市场、实现关税同盟、结成货币联盟
东部非洲共同体	第五个发展战略（2016/17—2020/21）	2021 年将东非建设成为稳定、可持续和具有竞争力区域

　　非洲各国积极探索符合自身国情的发展道路，提出了中长期发展战略，持续推进工业化进程。刚果（金）、刚果（布）、埃及、南非、几内亚等数十个国家都制定了中长期发展计划和战略，依托资源禀赋延长产业链，提升产品附加值，走集约化的发展道路。其中，电力、能源、交通、

通信、教育和医疗等基础设施建设成为最受关注的优先领域。非洲部分国家发展规划如表 1-2 所示。

表 1-2   非洲部分国家发展规划

国家	官方规划文件	主要发展目标
埃塞俄比亚	经济增长与转型计划	重点推动工业化、基础设施建设和农业发展，力争将工业占 GDP 比重提升至 22%
埃及	2015—2030 年经济发展规划；2030 愿景	2030 年实现年均 GDP 增长率达到 7%，出口对经济增长贡献率达 25%，失业率降至 5% 以下
尼日利亚	2017—2020 年经济复苏和增长计划	2020 年 GDP 年均增长率回升至 4.6%
刚果（金）	五年发展规划（2017—2021）；2050 年刚果民主共和国愿景	2020 年进入中等收入国家行列，2030 年成为新兴经济体，2050 年实现工业化经济
刚果（布）	五年发展规划（PND 2016—2020）	计划在 2025 年之前将刚果（布）建设成为新兴发展中国家
科特迪瓦	2016—2020 年国家发展规划	2020 年成为新兴工业化国家，2040 年建成开放型工业化强国
肯尼亚	四大发展计划	2022 年，制造业占 GDP 比重由 9.2% 提高到 15%；惠及全民的医疗保障体系等
几内亚	2016—2020 年经济发展规划	加强基础设施建设，加快自然资源开发与利用，恢复经济增长
坦桑尼亚	愿景 2025	2025 年成为中等收入国家

1.2   资源环境

1.2.1   自然资源

非洲矿产资源丰富，是支撑非洲资源型经济体的重要支柱。金矿、金刚石、铂族金属、铝土矿、锰矿、钴矿、铀矿等重要资源储量均居世界首位，铬矿、钒矿、钛矿、铜矿、镍矿等资源也非常丰富，矿产资源勘查和开发潜力巨大。非洲主要矿产资源分布情况见图 1-4。铝土矿、锰矿、金矿、磷矿、钴矿储量均占世界 50% 以上。铝土矿主要分布在几内亚、喀麦隆、加纳、科特迪瓦、马里，储量约为 450 亿吨；锰矿主要集中在南非和加蓬，储量约 3.5 亿吨；金矿主要分布在南非、加纳、津巴布韦、刚果（金）、坦桑尼亚，储量约为 2 万吨；磷矿集中在摩洛哥，储量约 1100 亿吨；钴矿集中在刚果（金）和赞比亚，储量约 500 万吨。铁矿、铜矿、锌矿储量均占世界 20% 以上，主要分布在刚果（金）、赞比亚、利比亚、刚果（布）和几内亚等国，铁矿储量约 1060 亿吨，铜矿储量约 1.8 亿吨。

油气资源较丰富，但分布不均匀。非洲煤炭资源较少，探明储量 131 亿吨，占全球 1.2%，几乎都是无烟煤和烟煤。❶ 煤炭主要分布在南非，占非洲煤炭储量 75% 以上。石油探明储量约 166 亿吨，占全球 6.9%，储采比约 42，主要分布在利比亚、尼日利亚、阿尔及利亚，占非洲石油储量 78%。天然气探明储量约 14.4 万亿立方米，占全球 7.4%，主要分布在尼日利亚、阿

---

❶   数据来源：英国石油公司，世界能源统计年鉴，2019。

尔及利亚、埃及，占非洲天然气储量 81%。非洲化石能源资源如表 1-3 所示。

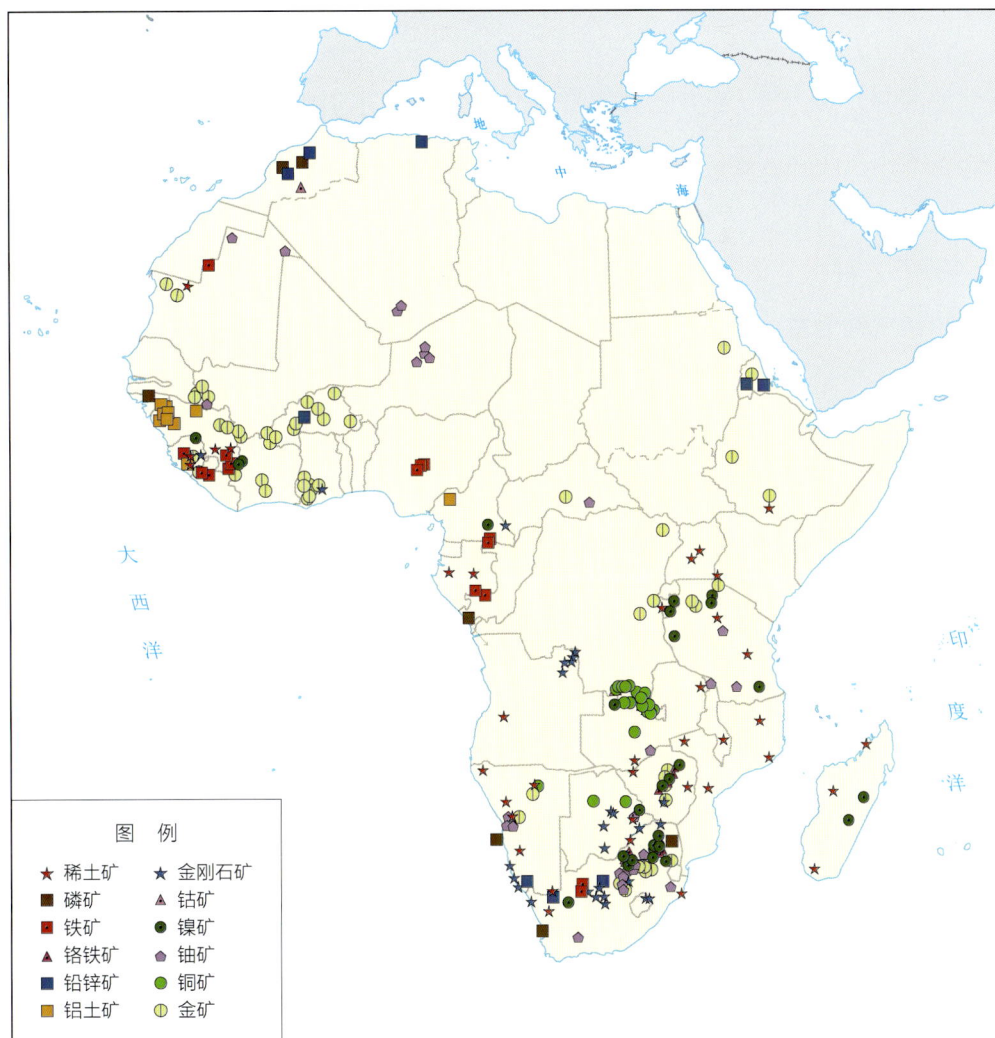

图 1-4 非洲主要矿产资源分布示意图 ❶

表 1-3 非洲化石能源资源

国家	煤炭		石油		天然气	
	总量（亿吨）	占全球比重（%）	总量（亿吨）	占全球比重（%）	总量（万亿立方米）	占全球比重（%）
南非	99	0.9	—			
利比亚	—	—	63	2.6	1.4	0.7
尼日利亚	—	—	51	2.1	5.3	2.7
阿尔及利亚	—	—	15	0.6	4.3	2.2
埃及	—	—	4	0.2	2.1	1.1
其他国家	32	0.3	33	1.4	1.3	0.7
合计	131	1.2	166	6.9	14.4	7.4

---

❶ 中国地质调查局、中国地质科学院，中国地质 2018 年第 45 期，2018。

清洁能源资源总量丰富，品种多样。非洲是清洁能源资源的"聚宝盆"，水能、风能、太阳能、生物质能、地热能等多种清洁能源资源丰富，其中水能、风能、太阳能理论蕴藏量分别为 4.4 万亿、650 万亿、60000 万亿千瓦时 / 年，分别占全球的 11%、32% 和 40%，❶ 目前开发比例极低，是全球清洁能源开发潜力最大的洲。非洲丰富的清洁资源不但可以满足自身的发展需要，还可以将资源优势转化为经济优势，向欧洲等区域出口清洁能源电力。

1.2.2　生态环境

非洲以热带气候为主，水资源分布不均，沙漠面积全球最大。非洲有"热带大陆"之称，大部分区域属于热带草原和热带沙漠气候，高温、少雨、干燥，年平均气温在 20 摄氏度以上的区域约占全洲面积的 95%。非洲降水量从赤道向南北两侧减少，降水差异悬殊，水系分布不均匀。其中，赤道区域终年多雨，河流众多，刚果河是世界第一深、第二流量大河；赤道北部有尼罗河和尼日尔河，其中尼罗河全长 6853 千米，是世界第一长河；还有广大干旱区域，河流稀少，水资源匮乏。非洲湖泊多分布在东非大裂谷带，狭长水深，维多利亚湖是非洲最大、世界第二大淡水湖，对周边生态环境和居民生活意义重大。非洲是沙漠面积最大的洲，沙漠面积约占全洲面积的 1/3，撒哈拉沙漠是世界最大的沙漠。非洲拥有世界上最多的未开发宜耕土地，但近年来受不合理的农耕方式、森林砍伐、采矿等影响，土地退化问题日益严重。

非洲碳排放逐年上升。1971—2016 年，非洲化石能源燃烧产生的二氧化碳年排放量从 2.5 亿吨上升到 11.6 亿吨，年均增速 3.5%，占全世界排放总量的比例从 1.8% 上升到 3.6%。其中，南非的二氧化碳排放量为 4.1 亿吨，占非洲总量的 35.8%，埃及、阿尔及利亚的二氧化碳排放量分别占 17.7% 和 11.0%。**非洲化石能源燃烧产生的二氧化碳主要来源于石油，主要排放自发电与制热部门、交通部门**。2016 年，煤、石油、天然气燃烧产生的二氧化碳排放占比分别为 32%、48% 和 20%，发电与制热部门、交通部门化石能源排放的二氧化碳分别约占总量的 42% 和 31%。非洲分品种化石能源燃烧产生的二氧化碳如图 1-5 所示。**非洲易受气候变化影响**。厄尔尼诺现象引发的干旱、洪水等气候灾害导致非洲多个国家粮食产量降低，特别是东部和南部非洲，严重威胁了非洲粮食安全。仅 2017 年，气候灾害导致的粮食减产就影响了非洲 5900 万人的粮食供应 ❷。非洲基础设施薄弱，应对气候变化能力较差，过去十年间，非洲年均受气候灾害影响人数达 1600 万人，年均经济损失达 6.7 亿美元 ❸。

非洲各国积极应对气候变化。非洲主要国家均签署了《巴黎协定》，制定应对气候变化国家自主贡献目标和中长期减排战略。例如**南非**承诺 2025—2030 年温室气体排放量维持在 3.98 亿 ~ 6.14 亿吨二氧化碳当量 / 年 ❹，提出到 2050 年降至 2.12 亿 ~ 4.28 亿吨二氧化碳当量 /

---

❶　刘振亚，全球能源互联网，2015。
❷　数据来源：联合国粮食及农业组织，世界粮食安全和营养状况，2018。
❸　数据来源：联合国粮食及农业组织，非洲粮食安全和营养区域概况，2019。
❹　数据来源：南非政府，国家自主贡献，2016。

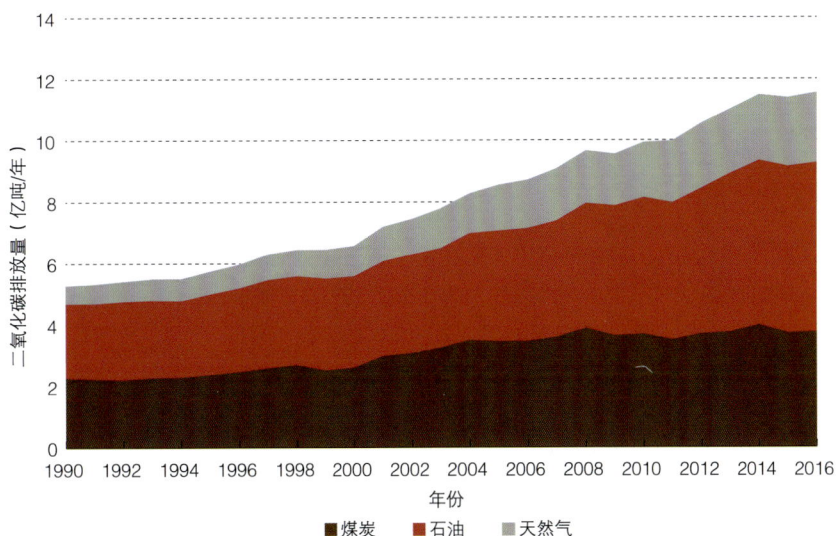

图 1-5　非洲分品种化石能源燃烧产生的二氧化碳 ❶

年 ❷。**阿尔及利亚**承诺 2030 年温室气体排放量相比政策延续情景减少 7% ~ 22%❸。**尼日利亚**承诺 2030 年温室气体排放量相比政策延续情景减少 20%，在资金支持等条件下减排 45%❹。**埃塞俄比亚**承诺在国际社会支持的条件下 2030 年将温室气体排放量控制在 1.45 亿吨二氧化碳当量 / 年 ❺。

1.3　能源电力

1.3.1　能源发展

　　能源生产以油气和生物质为主，总量先增后降。2000—2010 年，非洲能源生产量从 12.2 亿吨标准煤增长到 16.4 亿吨标准煤，年均增长 3.0%，之后波动下降至 2016 年的 15.6 亿吨标准煤，2010—2016 年年均下降 0.8%，占全球比重微降至 8%❻。人均能源生产量 1.3 吨标准煤，约为全球平均水平的 48%。2016 年，石油、生物质、天然气产量占能源生产量比重分别为 35%、32%、15%。2000—2016 年，石油产量下降至 3.6 亿吨，年均减少 0.1%，天然气产量增至 2088 亿立方米，年均增长 3.4%，油气生产主要集中在尼日利亚、安哥拉、阿尔及利亚、埃及等。生物质生产增长较快，从 3 亿吨标准煤增至 5.2 亿吨标准煤，年均增长 3.5%。煤炭产量小幅增至 2.5 亿吨，年均增长 0.5%，93% 以上集中在南非。2000—2016 年非洲能源生产情况如图 1-6 所示。

---

❶ 数据来源：国际能源署，化石能源燃烧 CO_2 排放，2018。
❷ 数据来源：南非环境部，温室气体预计排放路径分析，2019。
❸ 数据来源：阿尔及利亚政府，国家自主贡献，2016。
❹ 数据来源：尼日利亚政府，国家自主贡献，2017。
❺ 数据来源：埃塞俄比亚政府，国家自主贡献，2017。
❻ 数据来源：国际能源署，全球能源平衡，2017。

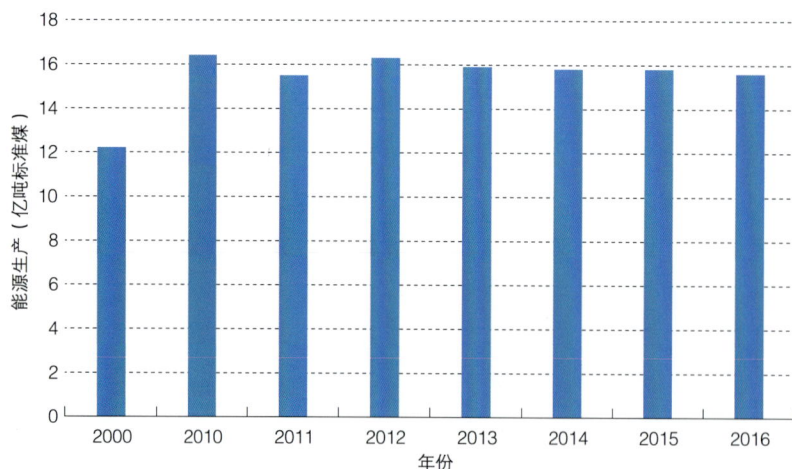

图 1-6   2000—2016 年非洲能源生产情况

一次能源消费总量持续增长，以传统生物质能和化石能源为主，水能、风能和太阳能比重较低。 2000—2016 年，非洲能源消费总量从 6.6 亿吨标准煤增长至 11.7 亿吨标准煤，❶ 年均增长 3.7%，占全球比重增至 5.7%，人均能源消费量为 0.96 吨标准煤，相当于全球平均水平 35%。非洲一次能源消费如图 1-7 所示。2000—2016 年，传统生物质能消费从 3 亿吨标准煤增长至 5.2 亿吨标准煤，年均增长 3.5%，占一次能源比重保持 45% 基本不变。化石能源在一次能源消费占比维持在 50% 左右，其中煤炭、石油、天然气在一次能源消费中占比分别为 13%、22%、14%。除传统生物质能外，清洁能源占比仅为 5.5%，远低于全球平均水平，其中水能、核能和其他可再生能源占比分别为 3%、1%、2%。2016 年非洲一次能源消费结构如图 1-8 所示。

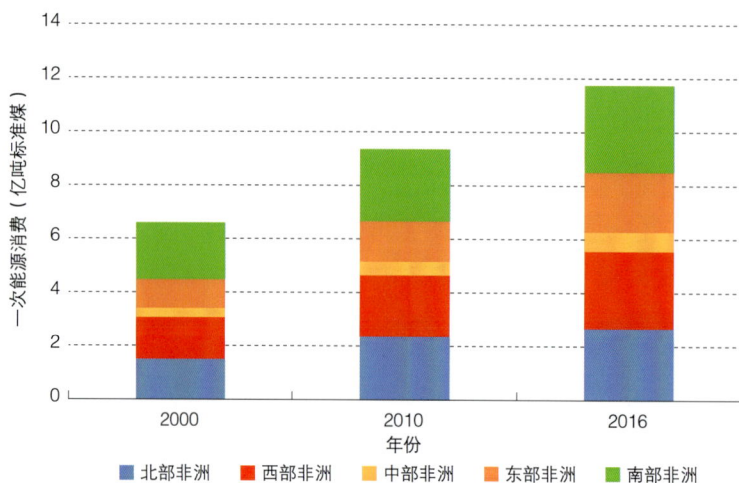

图 1-7   2000—2016 年非洲一次能源消费

---

❶   采用发电煤耗法，下同。

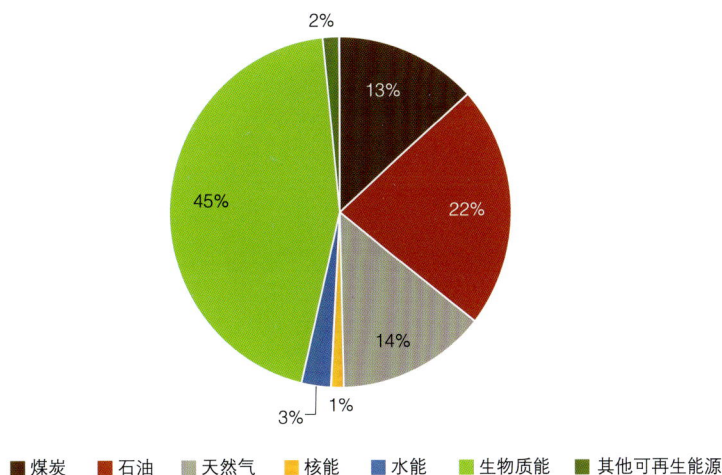

图 1-8 2016 年非洲一次能源消费结构

终端能源消费持续增长，以传统生物质能和石油为主，终端电能比重较低。2000—2016 年，非洲终端能源消费总量从 4.6 亿吨标准煤增至 8.2 亿吨标准煤，年均增长 3.7%，占全球比重增至 4%。2016 年，工业、交通、建筑部门的能源消费量占终端能源消费总量比重分别为 15%、18%、63%。非洲终端能源消费如图 1-9 所示。2000—2016 年，传统生物质能消费从 2.5 亿吨标准煤增长至 4.3 亿吨标准煤，年均增长 3.4%，占终端能源消费比重不断降低，但比重仍达 52%。石油消费量从 1.2 亿吨标准煤增长到 2.4 亿吨标准煤，年均增长 4.4%，比重达 29%。终端电能比重约 9%，远低于全球平均水平。2016 年非洲终端能源消费结构如图 1-10 所示。

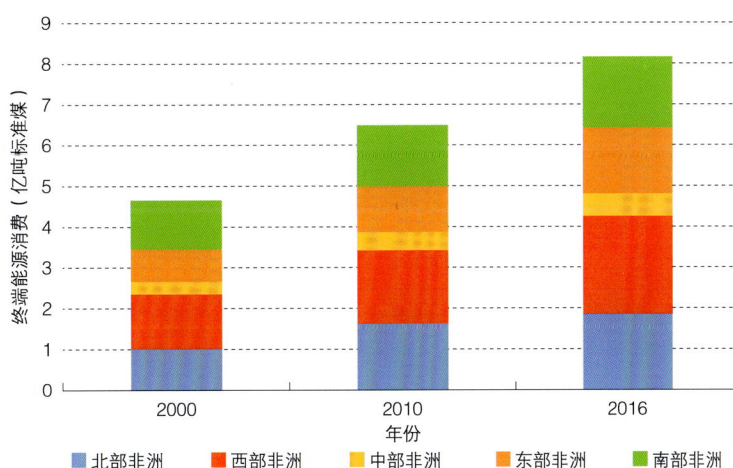

图 1-9 2000—2016 年非洲终端能源消费

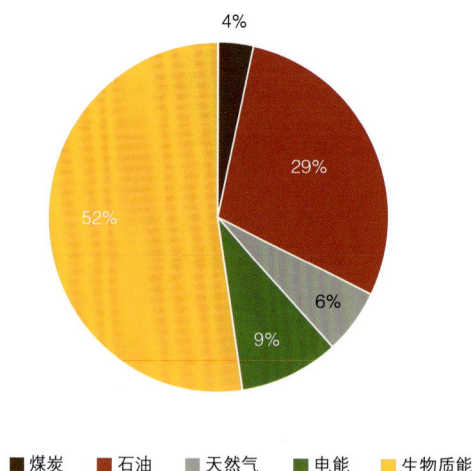

图 1-10　2016 年非洲终端能源消费结构

1.3.2　电力发展

电力消费水平总体较低，人均用电量远低于世界平均水平，电力普及率低。 2016 年非洲总用电量约 6366 亿千瓦时，不足全球总用电量的 3%。其中，北部、南部非洲总用电量合计占比 82%，近 60% 的电力消费集中在埃及和南非。非洲人均用电量 518 千瓦时 / 年，不足世界平均水平的 1/5，呈现"南北两端高，中间低"的特点。北部、南部非洲人均用电量超过 1000千瓦时 / 年，其中南非人均用电量 3442 千瓦时 / 年，略超世界平均水平；西部、中部和东部非洲的人均用电水平不到 160 千瓦时 / 年，不足世界平均水平的 5%，乍得、索马里等 9 个国家人均用电量甚至不足 50 千瓦时 / 年。非洲整体电力普及率低，2016 年仅为 52%❶，但北部非洲达到近 100%，仅在部分边远区域存在少量无电人口；广大撒哈拉以南非洲电力普及率仅为 43%，尚存约 6 亿无电人口，占全世界的一半以上。2016 年非洲分区域的电力发展情况如表 1-4 所示，各个国家具体情况详见附表 2-3 和附表 2-4。

表 1-4　2016 年非洲分区域电力发展情况

区域电网	装机容量 （万千瓦）	用电量 （亿千瓦时）	人均用电量 （千瓦时 / 年）	最大负荷 （万千瓦）	电力普及率 （%）
北部非洲	8792	2752	1448	5812	100
西部非洲	2263	564	157	1040	52
中部非洲	590	181	139	311	27
东部非洲	1358	403	119	845	38
南部非洲	6355	2466	1233	4771	45
合计	19358	6366	518	12779	52

❶　数据来源：世界银行。

电源结构以化石能源为主，人均装机容量远低于世界平均水平。2016 年非洲总装机容量约 1.9 亿千瓦，清洁能源装机容量约 4360 万千瓦，约占总量的 23%。其中，非水可再生能源装机容量约 1075 万千瓦，占比 6%；水电装机容量约 3287 万千瓦（含抽水蓄能 320 万千瓦），占比 17%；火电装机容量约 1.5 亿千瓦，占比 77%。2016 年非洲电源装机结构如图 1-11 所示。2016 年非洲人均装机容量 0.16 千瓦，约为世界平均水平的 1/5。分区域看，北部非洲和南部非洲，装机容量分别为 8792 万千瓦和 6355 万千瓦，分别约占非洲总量的 45% 和 33%。西部、中部和东部非洲合计占比 22%。2016 年，非洲清洁能源发电量约 1530 亿千瓦时，占总发电量的 20%。非水可再生能源发电量约 370 亿千瓦时，占比 5%。水电发电量约 1160 亿千瓦时，占比 15%。火电发电量约 6230 亿千瓦时，占比 80%。2016 年非洲发电量结构如图 1-12 所示。

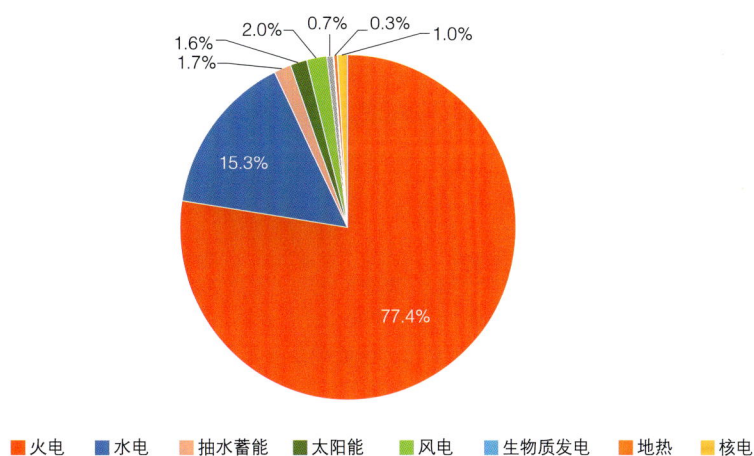

图 1-11　2016 年非洲电源装机结构

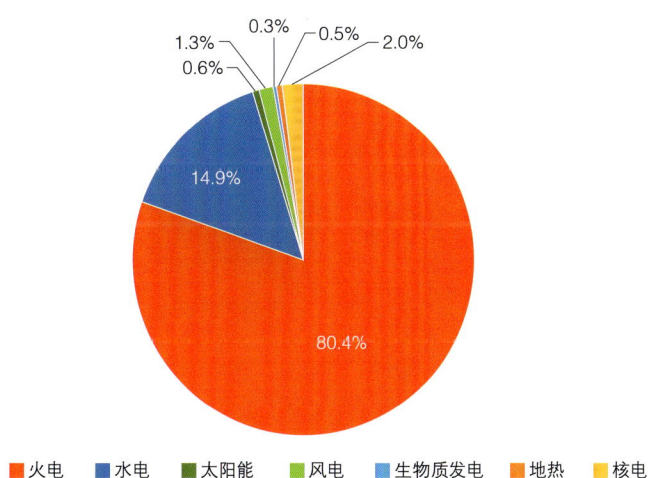

图 1-12　2016 年非洲发电量结构

电网基础设施薄弱，跨国电网互联规模较小。非洲各国普遍面临电网覆盖程度低、输送能力弱、电能损耗率高、供电可靠性低等问题。南非是非洲电网基础最好的国家，最高电压等级达到交流 765 千伏、直流 ±533 千伏；北部非洲各国形成 500/400 千伏交流主网架。除北部非洲和南非等少数国家外，多数国家最高电压等级在 330 千伏及以下，部分国家甚至尚无高压输电网，几乎都未实现全国联网，且设施年久失修、老化严重，输配电损耗较大，大约为中国、美国、欧洲的 2 倍以上 ❶，如图 1-13 所示。跨国电网互联方面，除北部非洲和南部非洲互联较为紧密外，其余各区域互联程度较低，电网联系松散、电力交换容量小，互联通道电压等级繁多，以交流互联为主。跨洲已初步形成与欧亚互联，北非与欧洲、亚洲分别通过摩洛哥—西班牙 2 回 400 千伏和埃及—约旦 1 回 400 千伏交流互联。非洲分区域电网互联现状如表 1-5 所示。

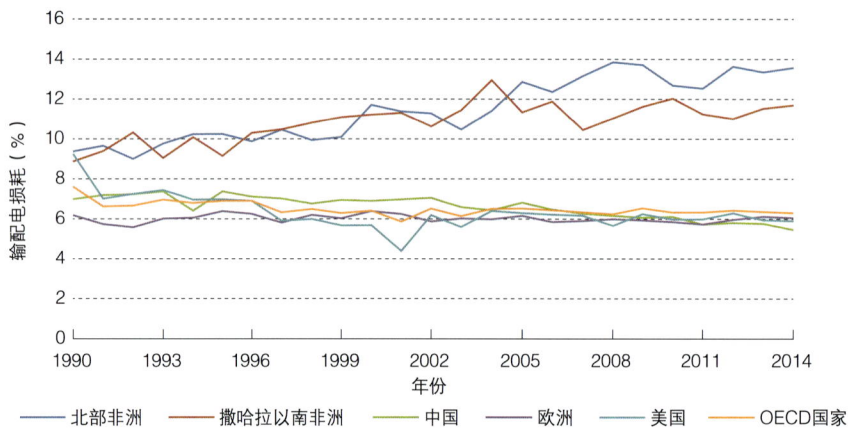

图 1-13　部分国家和区域输配电损耗变化趋势

表 1-5　非洲分区域电网互联现状

区域电网	已实现跨国电网互联国家个数	已互联国家占比	互联电压等级（千伏）
北部非洲	5	100%	400、225
西部非洲	10	63%	330、225、161
中部非洲	2	25%	220
东部非洲	8（1）❷	62%	245、132
南部非洲	9（1）❸	75%	±533、±350、400、330、275、220、132

---

❶　数据来源：国际能源署。

❷❸　括号内为尚未与他国主干输电网互联，但存在跨境电厂直供电的国家个数。

2

可持续发展
挑战与思路

非洲自然资源丰富、劳动力优势突出，但实现可持续发展面临经济发展水平低且结构单一、基础设施不健全、能源电力严重短缺、减排压力不断提升等一系列重大挑战。亟需创新发展理念、统筹开展规划，大力开发非洲丰富的清洁能源资源，加强能源基础设施互联互通，服务非洲工业化、城镇化和一体化发展，不断提升社会福祉，以构建非洲能源互联网促进可持续发展。

2.1　发展挑战

经济社会发展可持续性不足。非洲经济整体发展水平不高。2017 年，非洲人均 GDP 不足 2000 美元，仅为全球平均水平的 1/5。根据联合国资料，全球贫困人口约 7.5 亿人，其中撒哈拉以南非洲贫困人口占比超过 1/2。全球贫困人口数量前 10 名里有 6 个非洲国家，贫困发生率前 10 的国家全部是非洲国家，如表 2-1 所示。**经济结构单一，脆弱性显著。**非洲工业化发展水平较低，导致非洲对初级产品依赖度较高。目前，非洲 GDP 的四成以上来自初级产品，产油国经济增长对原油出口依赖程度普遍高于 20%，受国际大宗商品价格波动影响大。**金融市场尚不健全，基础设施项目融资困难。**非洲国内储蓄率较低、可用资金规模小，银行、保险、证券、担保等金融体系不够完善，融资渠道单一。目前，非洲基础设施投资主要靠政府财政投入，但政府财政收入规模小、增长慢，难以满足基础设施建设的巨大资金需求。**城镇化发展基础薄弱。**非洲国家的城镇化发展缺乏工业化积累和产业支撑，基础设施建设也落后于城镇化发展步伐，制约了经济社会的可持续发展。

表 2-1　全球贫困人口数量和贫困发生率前 10 的国家 ❶

位次		1	2	3	4	5	6	7	8	9	10
贫困人口数量	国家	印度	刚果（金）	埃塞俄比亚	孟加拉国	中国	坦桑尼亚	马达加斯加	乌干达	巴基斯坦	马拉维
	万人	26441	5318	2938	2815	2579	2336	1738	1256	1108	1075
贫困发生率	国家	马达加斯加	刚果（金）	布隆迪	马拉维	莫桑比克	几内亚比绍	中非	赞比亚	卢旺达	莱索托
	%	77.8	77.1	73.7	70.9	68.7	67.1	66.3	64.4	60.3	59.7

能源发展水平较低，电力普及性问题突出。初级能源占比高、使用效率低。非洲国家的石油、天然气、电力等现代能源普及率较低；整体上看，非洲电力普及率仅为 52%；分国家看，非洲仍有超过一半的国家电力普及率不足 50%，全球电力普及率较低的国家多为非洲国家，如图 2-1 所示；无电人口总数约 6 亿，占世界无电人口一半以上。**能源使用成本高，限制了经济发展和居民生活水平提升。**从终端电价看，撒哈拉以南非洲国家平均电价高达 14 美分 / 千瓦时 ❷，是

---

❶　数据来源：世界银行。
❷　数据来源：世界银行，撒哈拉以南非洲电力行业的财务能力，2016。

发展中国家平均电价的 2 ~ 3 倍。2016 年非洲人均能源消费仅为 0.96 吨标准煤，人均电力消费为 518 千瓦时，分别为世界平均水平的 35% 和 17%。居民生活能源消费中电能占比仅为 5%，不足全世界平均水平的四分之一。**现代能源利用率低引发健康问题。**目前，原始的生物质能是非洲的第一大能源，70% 的家庭取暖烹饪等基本生活用能只能依靠木柴、木炭、动物粪便等生物质能，造成严重的室内空气污染，影响居民健康。

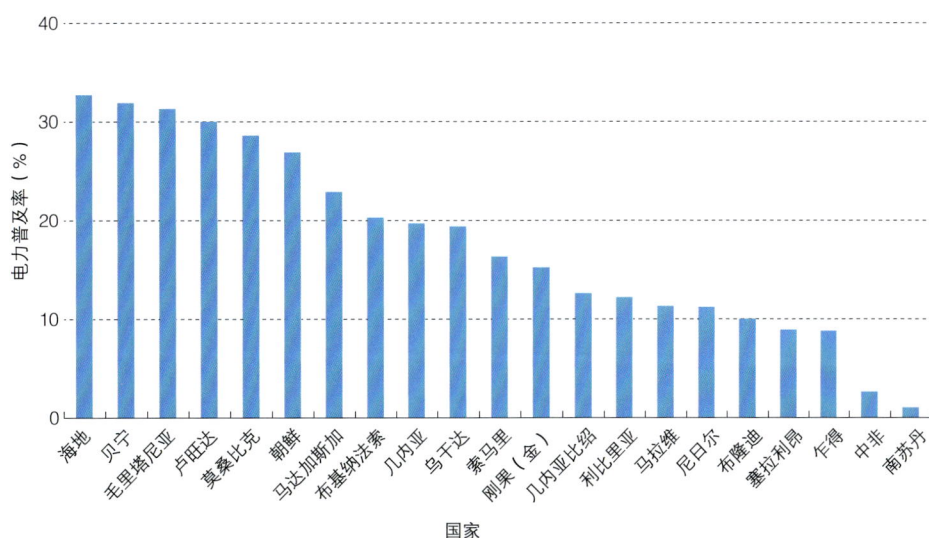

图 2-1　全球电力普及率较低的国家 ❶

　　工业化和能源需求增长进一步加大非洲减排压力。虽然当前非洲不属于温室气体主要排放区域，多数非洲国家仍处于工业化初期或中期，但未来随着经济社会发展、人口增长和工业化进程的推进，能源消费需求将进一步增加，温室气体排放增多，气候变化风险提升，减缓气候变化形势将更为严峻。同时，非洲易受气候变化影响，对气候变化的适应能力较弱。如果全球升温 1.5 ~ 2 摄氏度，将导致 40% ~ 80% 宜耕土地不再适种农作物，严重威胁非洲粮食安全。❷

　　"初级能源出口、二次能源进口"的能源发展模式对经济影响较大。大部分非洲资源型国家高度依赖出口原油、天然气等初级能源产品换取收入，同时进口成品油等产品。这种初级能源发展模式使非洲国家长年在国际油气行业中处于不利的"剪刀差"之下，经济发展受油价波动等影响较大。

2.2　发展思路

2.2.1　全球能源互联网发展理念

　　能源发展方式的不合理是引发全球可持续发展挑战的关键因素，化石能源的大量消耗导致

---

❶　数据来源：国际能源署，能源普及展望，2017。
❷　数据来源：世界银行专题报道。

全球资源匮乏、环境污染、气候变化、健康贫困等一系列严峻问题。应对挑战,走可持续发展之路,实质就是推动清洁发展。构建全球能源互联网为推动世界能源转型、加快清洁发展提供了根本方案。全球能源互联网是能源生产清洁化、配置广域化、消费电气化的现代能源体系,是清洁能源在全球范围大规模开发、输送和使用的重要平台,实质就是**"智能电网 + 特高压电网 + 清洁能源"**。

构建全球能源互联网,将加快推动**"两个替代、一个提高、一个回归、一个转化"**。

两个替代

能源开发实施清洁替代,以水能、太阳能、风能等清洁能源替代化石能源;能源消费实施电能替代,以电代煤、以电代油、以电代气、以电代柴,用的是清洁发电。

一个提高

提高电气化水平和能源效率,增大电能在终端能源消费中的比重,在保障用能需求的前提下降低能源消费量。

一个回归

化石能源回归其基本属性,主要作为工业原料和材料使用,为经济社会发展创造更大价值、发挥更大作用。

一个转化

通过电力将二氧化碳、水等物质转化为氢气、甲烷、甲醇等燃料和原材料,破解资源困局,满足人类永续发展需求。

构建全球能源互联网,加快形成清洁主导、电为中心、互联互通、共建共享的能源系统,能够极大地促进能源开发、配置和消费全环节转型,让人人获得清洁、安全、廉价和高效的能源,开辟一条以能源清洁发展推动全球可持续发展的科学道路。

2.2.2 非洲能源互联网促进非洲可持续发展

非洲可持续发展需秉持绿色低碳发展理念，统筹各国经济、社会、环境发展目标和诉求，以丰富的清洁能源资源为基础，着力打造绿色经济发展新动力，促进社会融合均衡发展，全面落实《巴黎协定》2摄氏度温控目标，深化区域一体化，实现非洲经济发展、社会进步和生态保护的全面协调发展。

经济方面	社会方面	环境方面
持续推进产业体系建设和绿色低碳转型，服务非洲工业化、城镇化和一体化发展。	提高电力普及率，促进非洲均衡发展，不断提升社会福祉，强化社会的均衡与包容性发展，增进区域互信。	全面加强各行业温室气体和污染物排放控制。

实现非洲可持续发展，关键是加快清洁能源开发，加强能源基础设施互联互通，构建非洲能源互联网，实现能源转型和绿色低碳发展。非洲能源互联网是全球能源互联网的重要组成部分，发展总体思路是立足非洲经济社会发展对现代能源的迫切需求，加快开发各主要流域大型水电基地，南部、北部和东部的风电、太阳能发电基地以及各种分布式电源，从源头解决能源匮乏问题，减少初级生物质能利用；坚持保障本地电力需求和扩大对外送电并举，加快构建各国骨干网架，推动跨国跨区跨洲联网，发挥非洲水风光资源多能互补优势，促进清洁能源大规模开发、大范围配置和高效率使用；以加快解决无电人口问题为重点，建设和升级能源电力基础设施，提高电气化水平和用能效率，降低能源电力供应成本，让人人享有可持续能源。

2.3 发展重点

坚持绿色低碳，实现能源跨越式发展。坚持以绿色低碳发展为构建非洲能源互联网的出发点和落脚点，加快推进清洁替代，实现能源生产向清洁能源主导转变，以清洁能源电力保障和推动非洲工业化、城镇化、一体化的加速发展。实现能源由高碳向低碳、由低效向高效的跨越式发展，破解化石能源大规模开发利用造成的高污染、高排放等问题，积极应对气候变化，保护自然生态环境，为可持续发展提供强大动力。

强化电为中心，提升生产生活电气化水平。围绕提高非洲现代能源供给和生产力发展水平，加快推进电能替代，强化能源基础设施和公共服务能力建设，大幅提高电能占终端能源消费比重。广泛普及电气化交通、电动机械、电制热、电炊具等用电设施，实现能源消费由初级生物质能和化石能源等向电为中心转变，推动非洲人民生产生活进入以电气化为特征的新时代，切实保障和改善民生。

加强互联互通，推动合作共赢发展。 统筹考虑各国家和区域在能源资源禀赋、社会发展水平、政治经济环境等方面的差异性，加强能源电力互联互通，实现能源配置由局部平衡向跨国跨洲大范围配置转变。秉持开放包容、务实合作的精神，打造共商、共建、共享、共赢的新型能源合作关系，以能源电力基础设施互联互通推动非洲一体化进程，实现共同发展、共同进步。

推进产业和区域协同，实现"电－矿－冶－工－贸"联动发展。 依托非洲丰富的清洁能源和矿产资源，推动电力、采矿、冶金、工业、贸易联动发展，形成上下游利益共享、合作共赢的产业链，实现资金投入、资源开发、工业发展、出口创汇的良性循环，将资源优势转化为经济优势，打造支柱产业，增强发展动能。从根本上改变能源发展方式和经济产业发展模式，保障非洲可持续发展。

通过建设洲内紧密联系、洲外高效互联、多能互补互济的非洲能源互联网，加快能源电力生产、配置、消费的全面升级，打造非洲清洁发展的重要载体，为落实联合国"2030 议程"和非盟"2063 议程"提供坚强保障。

能源电力发展趋势

围绕促进非洲经济、社会和环境的全面协调可持续发展,实现《巴黎协定》2摄氏度温控目标,综合考虑资源、人口、经济、产业、技术、气候和环境等因素,基于全球能源互联网能源与电力需求预测、电源装机规划等模型(见附录1),对非洲能源电力发展趋势进行研判。非洲能源供应向清洁主导方向发展,能源消费向电为中心方向发展,能源需求不断增长。以"电-矿-冶-工-贸"联动发展为重点的工业化及无电人口通电将带来电力需求持续增长。随着风电和太阳能发电成本的快速下降,清洁能源装机规模不断增长,电力供应能力实现全面提升,充分利用丰富的清洁能源资源优势,促进多种清洁能源协同互补,保障清洁、绿色、经济、可靠的电力供应。

3.1 能源需求

3.1.1 总体发展研判

工业化、城镇化和区域一体化的进程带动非洲能源需求较快增长。非洲矿产资源和清洁能源资源丰富,可持续发展潜力巨大。综合考虑人口增长、经济发展、国际产能转移等因素,预计非洲未来经济保持较快发展,增速位于全球前列,2020—2050年GDP年均增长可达5%。非洲各国加大工业化推进力度,充分利用自身资源优势,依靠"电-矿-冶-工-贸"联动发展新模式,在矿产资源丰富地区大力发展铝、钢铁等矿产开采、冶炼、加工产业,在人口密集区域发展纺织等劳动密集产业,以工业园区形式带动制造业发展,延长产业链,提升附加值。工业化的前提是充足的能源供应,工业大发展推动能源需求迅速增长。城镇化在非洲经济发展中扮演重要角色,是经济发展的新动力。通过弥补基础设施缺口,建设交通、住宅、学校、医院、工厂等基础设施,将形成巨大市场空间,推动能源需求增长。区域一体化可以突破非洲各国市场规模小的限制,满足工业化发展的市场容量需求,可以协同多国间的生产分工与合作,进而优化配置生产要素,激发规模经济潜能,丰富区域市场供应。区域一体化扩大市场消费规模,促进能源需求较快增长。

能源消费从油气和传统生物质能为主向清洁能源为主转变。立足非洲经济社会发展对现代能源的迫切需求,充分发挥非洲清洁能源资源多、品质高、价格低的优势,加快开发各主要流域大型水电、南部和北部风电、太阳能发电基地和各种分布式电源,大量替代油气等化石能源消费,大幅减少初级生物质能利用,实现能源供应向清洁主导方向发展,以清洁能源保障和推动非洲工业化、城镇化、一体化的加速发展。

终端用能中电能快速替代初级生物质能。非洲国家电能替代潜力巨大,随着电能替代技术不断成熟、经济性不断改善,以及各行业用能习惯不断适应,电能替代将加速深入推进,电能占终端能源消费比重不断提升。服务业和居民生活领域,电炊具替代初级生物质能和油气消费,各种电器加快普及;工业领域,电锅炉、电弧炉等技术替代燃煤、燃油加热炉;交通领域,电气化铁路、电动车等电交通替代石油消费。能源消费向电为中心转变，推动非洲人民生产生活进入以电气化为特征的新时代，切实保障和改善民生。

3.1.2 能源需求展望

一次能源需求持续快速增长，增速全球最高。按发电煤耗法计算，2035、2050 年非洲一次能源需求分别达到 19.2 亿、25.5 亿吨标准煤，2016—2050 年年均增速约 2.3%，增速较全球平均水平高 1.6 个百分点，其中 2016—2035 年年均增速约 2.7%，2036—2050 年年均增速放缓至约 1.9%。**人均一次能源需求略有提升。**2016—2050 年，非洲人均能源需求从 0.9 吨标准煤上升至 1.0 吨标准煤，增幅约 10%，其中北部非洲人均能源需求提升较为明显，从 1.4 吨标准煤提升至 1.8 吨标准煤。非洲一次能源需求预测如图 3-1 所示，各分区预测情况详见附表 2-2。

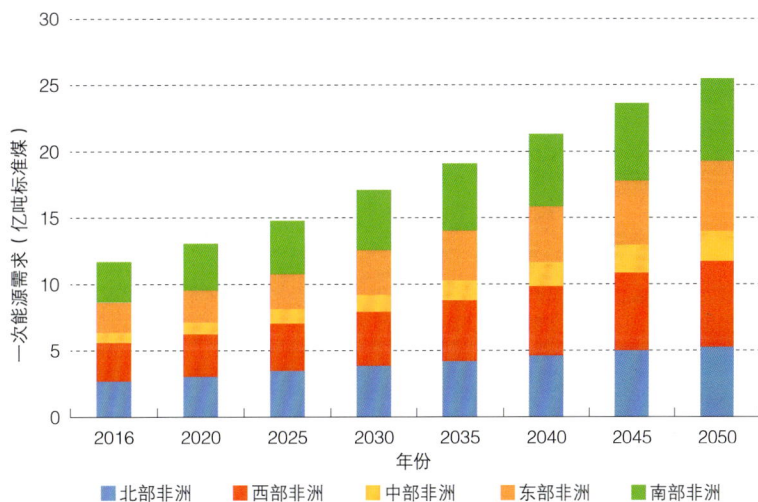

图 3-1 非洲一次能源需求预测

西部、南部非洲能源需求增量占比高，中部、东部非洲能源需求增速快。2016—2050 年，西部非洲一次能源需求由 2.9 亿吨标准煤大幅增至 6.5 亿吨标准煤，增量占非洲总体增量的26%，年均增速约 2.4%。南部非洲一次能源需求由 3.1 亿吨标准煤增至 6.2 亿吨标准煤，占总增量的 22%，年均增速 2.1%。中部非洲一次能源需求增长约 2.3 倍，由 0.7 亿吨标准煤增长至2.3 亿吨标准煤，年均增速 3.3%。东非一次能源需求增长约 1.3 倍，年均增速 2.5%。北部非洲一次能源需求增长 2.5 亿吨标准煤，占总增量的 19%，年均增速约 2.0%。非洲各区域增速均高于全球平均水平。2016—2050 年，非洲一次能源需求年均增长率预测见图 3-2。

能源强度显著下降，低于目前世界平均水平。随着节能技术和深度电能替代在非洲国家的进一步推广，非洲能源利用效率持续提升。2016—2050 年，非洲单位 GDP 能耗从 5.2 吨标准煤 / 万美元下降到 2.1 吨标准煤 / 万美元，降幅 60%，低于目前世界平均水平。2050 年各区域

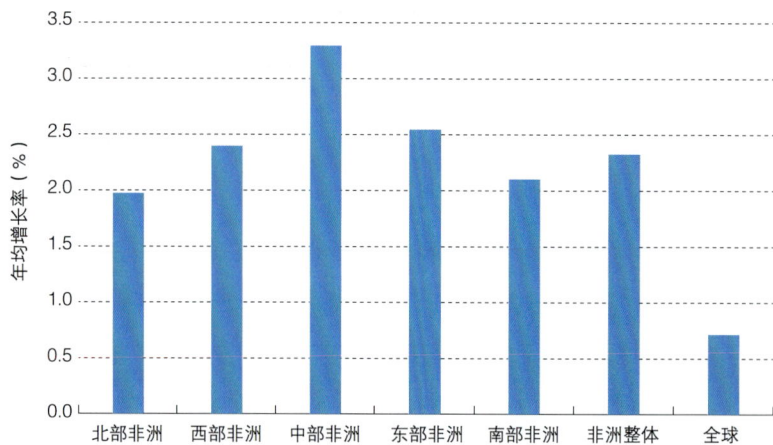

图 3-2　非洲一次能源需求年均增长率预测

单位 GDP 能耗相比 2016 年分别下降 55% ～ 61%，其中，北部、西部非洲较低，分别约为 1.6 吨、1.9 吨标准煤 / 万美元，中部、东部非洲较高，分别约为 2.9 吨、2.5 吨标准煤 / 万美元。非洲单位 GDP 能耗预测如图 3-3 所示。

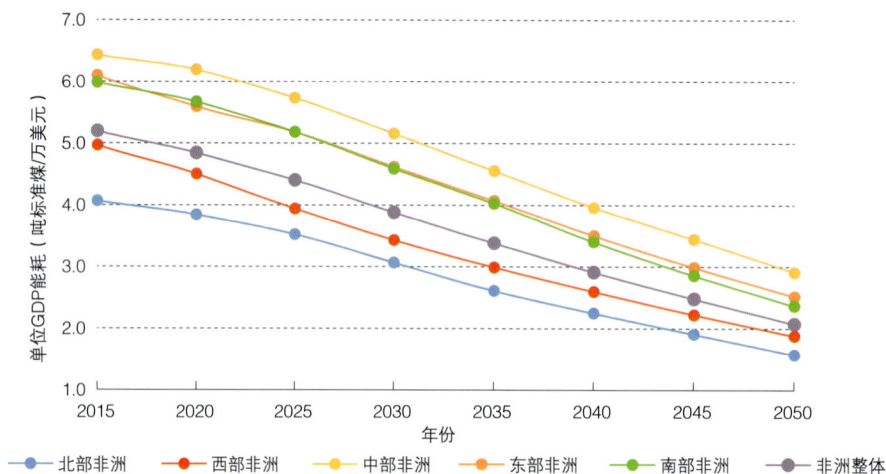

图 3-3　非洲单位 GDP 能耗预测

化石能源需求增速逐年放缓，占一次能源需求比重持续下降。非洲煤炭需求将在 2030 年前达峰，峰值约 1.6 亿吨标准煤；石油需求在 2035 年前较快增长，之后稳定在 5.0 亿吨标准煤左右；天然气需求持续增长，但增速逐渐放慢，2050 年达到 5.3 亿吨标准煤，年均增速 3.7%。非洲清洁能源发展持续加快，2016—2050 年，非洲清洁能源需求增长 2.3 倍，达到 13.7 亿吨标准煤，其中，水能由 0.4 亿吨标准煤稳步增长至 3.2 亿吨标准煤，年均增速 6.3%，风光等可再生能源由 0.2 亿吨标准煤增长至 4.9 亿吨标准煤，年均增速 9.9%。清洁能源占一次能源比重从 2016 年的 52%❶ 提高到 2050 年的 56%❷，其中中部、西部非洲清洁能源占比最高，分别达

---

❶　清洁能源含初级生物质能。
❷　清洁能源占一次能源比重计算时，不计入化石能源非能利用。

到 71%、64%。非洲一次能源分品种需求预测如图 3-4 所示，清洁能源占一次能源需求比重如图 3-5 所示。

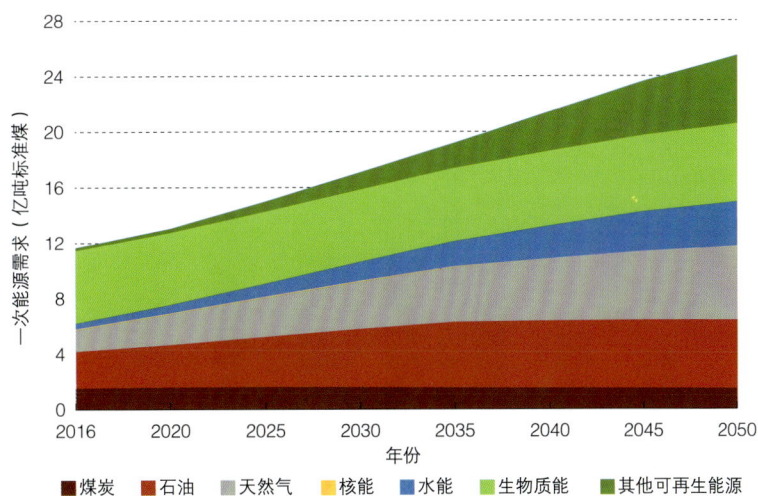

图 3-4　非洲一次能源分品种需求预测

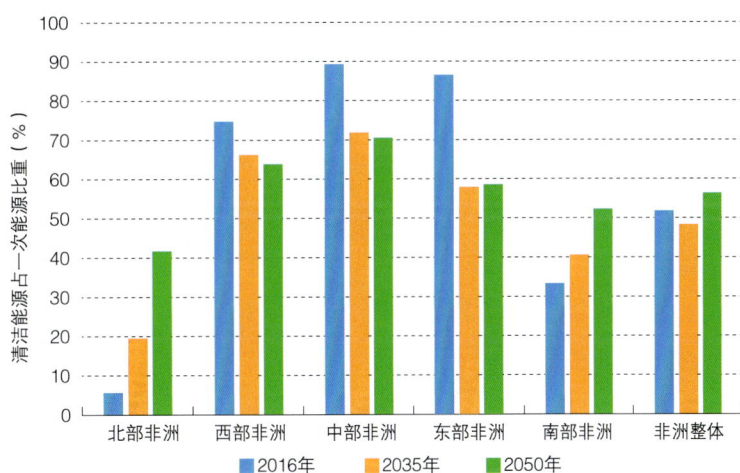

图 3-5　非洲清洁能源占一次能源需求比重

　　2050 年非洲终端能源需求是 2016 年的 2 倍，增速逐渐放缓。2016—2035 年间，非洲终端能源需求从 8.2 亿吨标准煤增长至 13.3 亿吨标准煤，年均增速 2.6%；2036—2050 年年增速放缓至 1.6%，2050 年达到 16.5 亿吨标准煤。**工业化推动非洲工业部门用能较快增长，增量占总增量的 41%。**2016—2050 年，非洲工业部门能源需求总量从 1.2 亿吨标准煤增长到 4.6 亿吨标准煤，年均增速 4.0%，占终端用能总量比重由 15% 提升至 28%。随着非洲交通基础条件改善，公路、铁路运输服务需求不断攀升，2016—2035 年非洲交通部门能源需求总量从 1.7 亿吨标准煤快速增长到 3.0 亿吨标准煤，年均增速 3.0%；随着电动汽车开始替代传统燃油汽车，高效电能使用与燃油汽车能效提升促使交通部门用能增速放缓，2050 年增长至 3.9 亿吨标准煤水平。受人口增长、城镇化推进和居民生活质量不断改善等因素影响，非洲建筑部门能源需求量从 2016 年的 5.0 亿吨标准煤增长到 2050 年的 6.8 亿吨标准煤，年均增速约 0.9%，占终端用能总量的比重由 61% 下降至 41%。2050 年，工业、交通、建筑和非能利用部门用能占终端总用能的比重分别为 28%、24%、41% 和 7%。非洲终端各部门能源需求预测如图 3-6 所示。

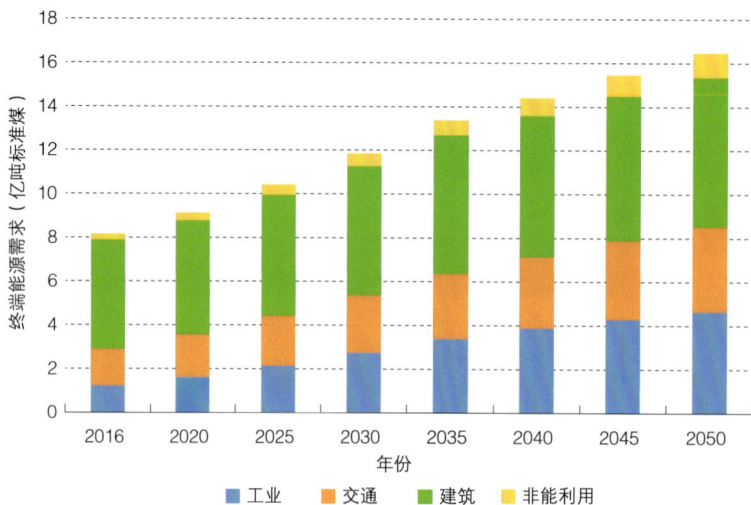

图 3-6　非洲终端各部门能源需求预测

2045 年前后，电能将超过生物质能和石油成为占比最高的终端能源品种。2016—2050 年，发电能源占一次能源比重从 24% 提高到 46%，电能占终端能源比重从 10% 提高到 32%❶。北非电气化程度较高，2050 年达到 51%，接近世界平均水平。非洲终端能源分品种需求和电能占比预测如图 3-7 所示。

图 3-7　非洲终端能源分品种需求和电能占比预测

---

❶ 计算电能占终端能源比重时，不计入化石能源非能利用，下同。

建筑部门电能占比提升 24 个百分点，工业部门电能占比最高。目前非洲建筑部门电气化水平极低，随着未来电照明、电炊具、电制冷、电取暖在广大欠发达区域的推广使用，建筑部门电气化快速推进。2016—2050 年，建筑部门电能占比由 9% 提高到 33%。工业部门是非洲终端电能占比最高的部门，随着矿业及制造业在非洲的快速发展，电炉和电生产线将在非洲开始规模化应用，工业部门电能占比从 25% 提升至 43%。交通部门中，随着电动汽车、铁路电气化的大范围普及以及氢能交通在较发达区域的使用，部门电气化水平持续上升，电能占比从不足 1% 提升至 15%。非洲终端各部门电能占比预测如图 3-8 所示。

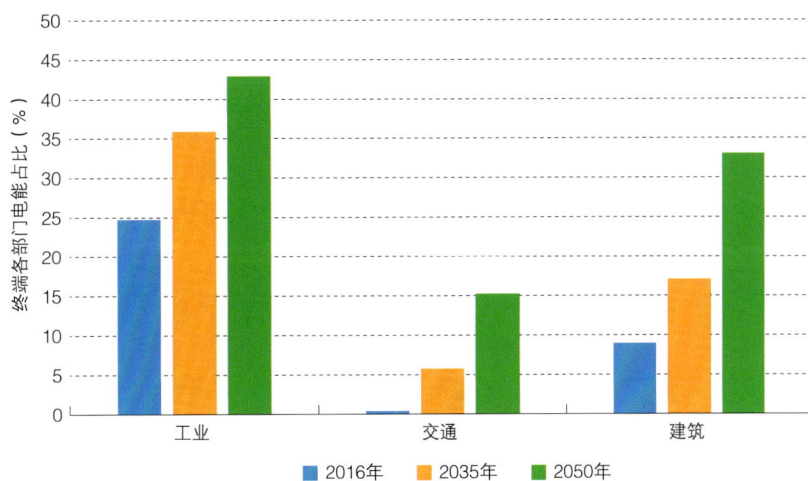

图 3-8 非洲终端各部门电能占比预测

3.2 电力需求

3.2.1 总体发展研判

非洲未来电力需求增长迅速，主要增长点为以"电－矿－冶－工－贸"联动发展为重点的工业化。

基于各区域产业基础和资源禀赋，非洲可构建几内亚湾、东部、刚果河、南部、沿地中海五大区域经济圈，带动经济社会发展和电力需求快速增长。建设国家间、区域间贸易通道，为各国产业培育、市场拓展、经济发展提供更多机遇，形成一体化崛起态势。在各经济圈内部，布局紧密协同、各有特色的产业发展带，不断夯实和提升工业基础能力，推广应用绿色工艺技术装备，建设一批现代产业中心城市，培育具有全球竞争力的原材料基地和冶金产业、加工制造业集群，打造强劲增长极。依托产业关联度高、带动性强的龙头企业和重大项目，重点打造一批矿冶加工示范工业园区，把工业园区建设成为优势产业的集聚区、创新发展的先导区、吸引投资的示范区。非洲区域产业发展布局如图 3-9 所示。

图 3-9　非洲区域产业发展布局示意图

1　西部非洲

　　西部非洲发挥资源优势和区位优势，以矿产开发和冶炼为基础，打造几内亚湾、西部沿海和尼日尔河三大经济带，加快西非区域工业化。西部非洲产业发展建议如图 3-10 所示。

　　几内亚湾经济带：重点发展钢铁、铝、黄金、石化、机械、汽车、纺织等产业，树立非洲现代工业新标杆。**西部沿海经济带：**重点发展铝、钢铁、物流、金融、食品加工、电子商务，发挥港口区位优势，形成轻重工业协同、传统与新兴产业并举发展态势。**尼日尔河经济带：**发挥尼日尔河黄金水道优势，开发磷矿、黄金、铀等资源，发展化工、纺织、食品加工、文化旅游等产业，打造内陆发展示范区。

　　重点发展铝、钢铁和锰矿加工产业，带动下游建筑、家电、交通等产业发展。2050 年，氧化铝、电解铝产量分别达到 5600 万、1200 万吨，钢铁产量 1.5 亿吨，电解锰产量 30 万吨。2035 年

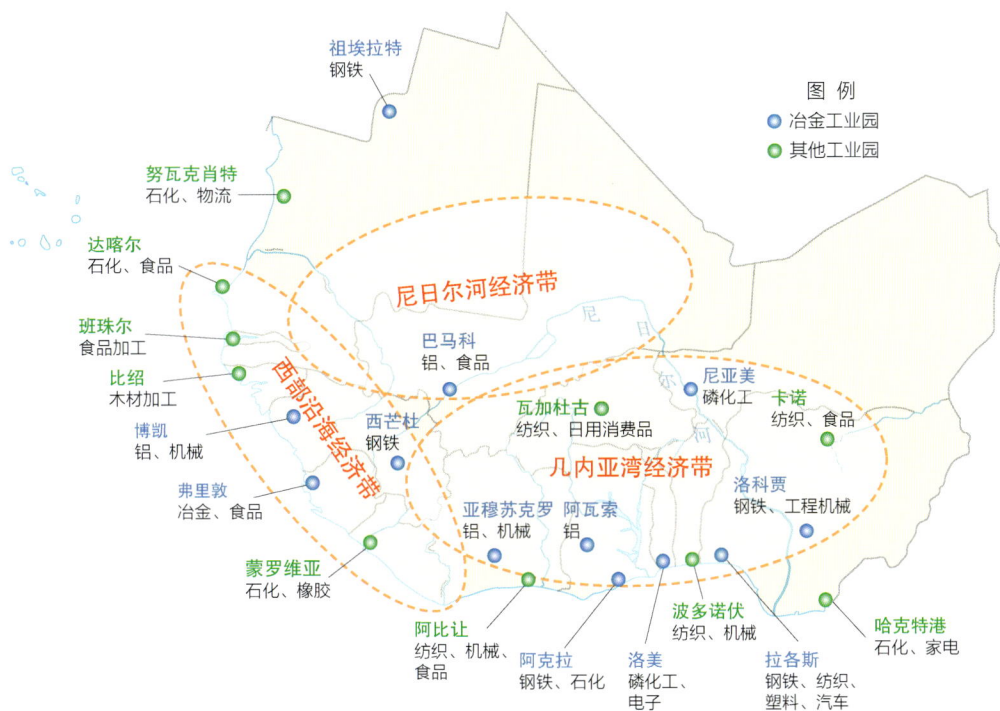

图 3-10　西部非洲产业发展建议示意图

和 2050 年，矿产冶炼加工产业新增用电量分别为 1500 亿、3100 亿千瓦时。

以重点产业和骨干企业为龙头，建设产业规模化、集约化、专业化、清洁化的工业园区。重点在几内亚桑格雷吉、博凯、弗里亚，加纳阿瓦索、尼纳欣等地建设铝加工产业园，在采矿地就地发展氧化铝厂、电解铝厂，减少物流运输成本。在几内亚科纳克里、博法等地建设"铝产业＋港口物流"工业园，重点发展铝型材加工以及下游建筑、交通、电子等板块，配套建设满足现代铝业物流需求的大型港口。在几内亚宁巴山、西芒杜，尼日利亚科济矿区、埃杜矿区等地建设钢铁冶炼工业园区，大力发展钢铁配套服务业和钢铁深加工产业。

2 中部非洲

中部非洲发挥充足的水能资源和矿产资源优势，打造非洲"能源心脏"和冶金基地，实现"一圈一带"协同发展。中部非洲产业发展建议如图 3-11 所示。

刚果河资源辐射经济圈： 加快清洁能源基地开发和跨区域电网建设，积极创新发电、输电、用电一体化发展思路，在区域内合理匹配电力生产端和消纳端，聚合水资源与矿产资源的双优势。**港湾经济带：** 依托港湾区位优势，充分利用各国资源优势，发展现代农林业、铝产业、机械制造业、现代物流产业等，发展和完善工业体系，发挥对附近内陆市场的辐射作用。

重点发展铜钴加工业、钢铁、锰矿加工和电解铝工业。2050 年，精炼铜产量达到 350 万吨，电解钴产量 30 万吨，钢铁产量 6000 万吨，电解锰产量 120 万吨，电解铝产量达 800 万吨。2035 年和 2050 年，矿产冶炼加工产业新增用电量分别为 900 亿、1800 亿千瓦时。

图 3-11　中部非洲产业发展建议示意图

3 南部非洲

南部非洲发挥连接两洋的区位优势，统筹矿产发展和工业园区建设，增强经济增长内生动力，促进区域一体化发展。南部非洲产业发展建议如图 3-12 所示。

图 3-12　南部非洲产业发展建议示意图

大西洋沿海经济带：重点发展钢铁、铝、石化、机械、汽车、纺织等产业，深度融入全球价值链。**印度洋沿海经济带：**重点发展铝、钢铁、物流、金融、食品加工、电子商务，发挥港口区位优势，加速推进工业化进程。**赞比西河经济带：**开发磷矿、黄金、铀等资源，发展化工、纺织、食品加工、文化旅游等产业，打造内陆开放新高地。

以矿冶产业为核心，提升工业化发展水平。结合南部非洲矿产资源储量和生产能力，重点发展精炼铜、电解铝和钢铁加工产业。2050年，精炼铜产量达到1200万吨，电解铝产量达600万吨，钢铁产量5000万吨。2035、2050年，矿产冶炼加工产业新增用电量分别为600亿、1370亿千瓦时。

4 东部非洲

东部非洲发挥劳动力和工业园区优势，全面夯实制造业基础，打造国际产能合作典范。东部非洲产业发展建议如图3-13所示。

图3-13　东部非洲产业发展建议示意图

东非大裂谷经济走廊：发掘东非大裂谷旅游资源，大力发展肯尼亚和卢旺达新兴技术产业，实现旅游业、信息产业与城市、生态融合发展，打造非洲最具代表性的产城融合发展示范地。**红海经济带：**依托产业园区和地理区位优势，重点发展矿业、纺织、油气、农产品加工等产业，打造辐射西亚和非洲的现代产业聚集区。**印度洋经济带：**发挥港口优势，重点发展物流、金融、轧钢、铝材加工等制造业、现代农业和服务业等，带动周边国家出口创汇，强化沿海港口对内陆地区的辐射功能。

5　北部非洲

北部非洲立足亚欧非枢纽区位优势，推动传统制造业转型升级，加快发展新兴技术产业，打造地中海、大西洋、红海三大经济带。北部非洲产业发展建议如图 3-14 所示。

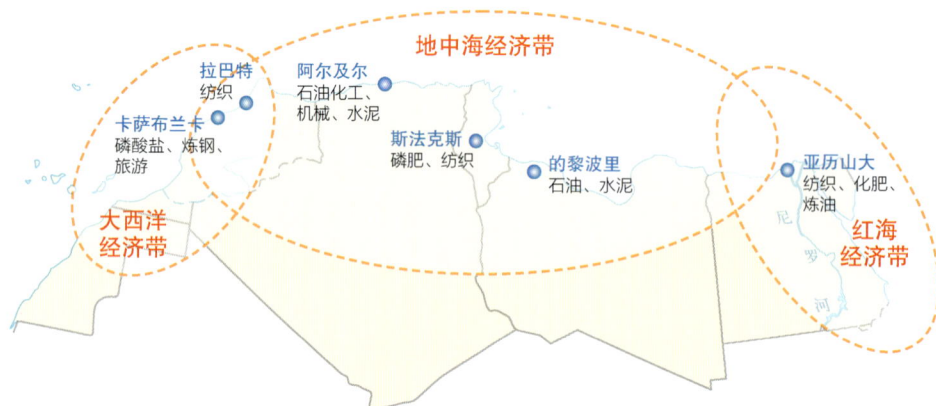

图 3-14　北部非洲产业发展建议示意图

地中海经济带：发挥资源和区位优势，加快纺织、石油化工等传统产业转型升级，培育石油精炼、智能制造等新支柱产业，推动物流、旅游、文化交流等向高端高增值方向发展。**大西洋经济带**：充分利用周边国家的资金、技术优势，有效承接纺织、化工等传统产业，发展和完善工业体系。同时依托港口优势，承接西非经济带，发挥对欧洲市场的辐射作用。**红海经济带**：发展现代农业和先进制造业，发挥埃及带动作用，支持汽车、家用电器、电子信息等产业做大做强，以主要港口为重点，形成优势互补的港口、物流和配套服务体系，打造北非重要交通枢纽地。

3.2.2　电力需求展望

非洲电力需求总量将保持快速增长，2050 年电力需求和最大负荷分别是 2016 年的 6.1 倍和 5.5 倍。非洲电力需求总量从 2016 年的 6366 亿千瓦时增加到 2035 年的 2.3 万亿千瓦时和 2050 年的 4.0 万亿千瓦时，2016—2035 年和 2036—2050 年的年均增速分别约为 6.9% 和 3.8%；最大负荷从 2016 年的 1.3 亿千瓦增加到 2035 年的 4.1 亿千瓦和 2050 年的 7.1 亿千瓦，如图 3-15 所示。2016—2035 年和 2036—2050 年的年均增速分别约为 6.3% 和 3.8%。

人均用电水平显著提升，北部和南部非洲水平较高。非洲年人均用电量由 2016 年的 518 千瓦时快速增加至 2035 年的 1193 千瓦时，2050 年达到 1565 千瓦时，是 2016 年的 3 倍，相当于 1980 年的世界平均水平，仍有持续上升空间。2050 年，北部非洲年人均用电量最高，达

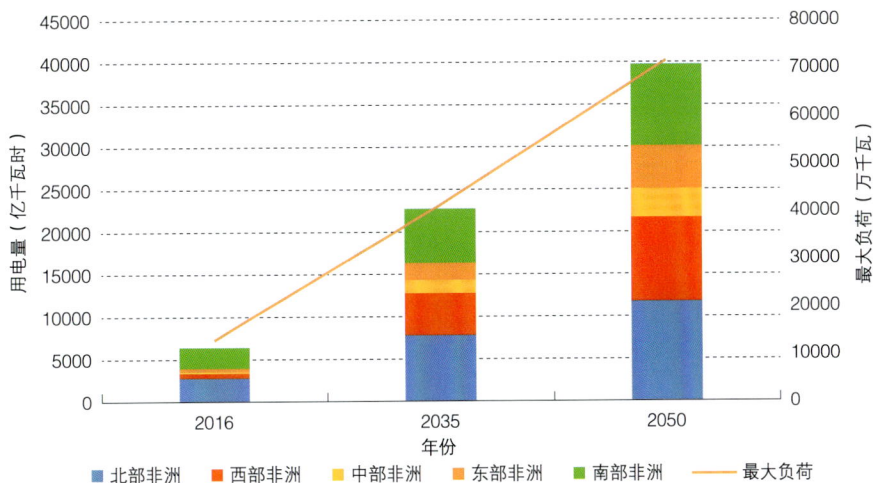

图 3-15 非洲电力需求预测

到 4057 千瓦时，是届时非洲年人均用电量的 2.6 倍。西部、东部和中部非洲年人均用电量仍处于 600 ~ 1200 千瓦时的较低水平。非洲年人均用电量预测见图 3-16。

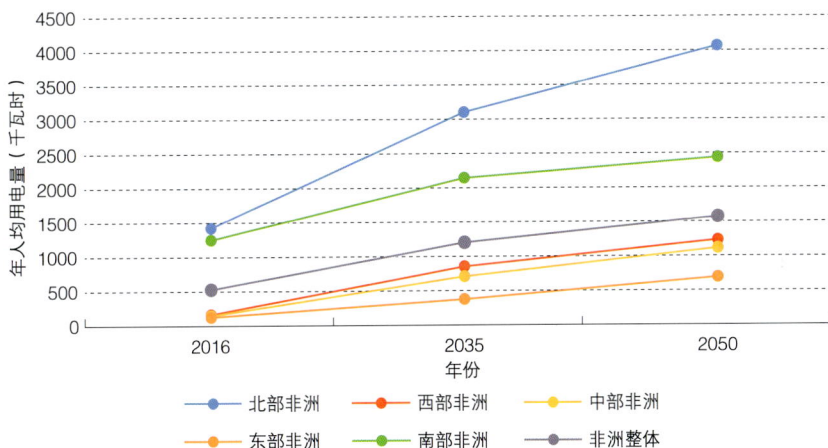

图 3-16 非洲年人均用电量预测

从行业分布来看，工矿业快速发展推动工业部门成为电力消费增长主要部门。2050 年，工业、居民部门用电量分别增至 1.8 万亿、1.6 万亿千瓦时，其中工业用电量增加了 1.5 万亿千瓦时，占总增量的 46%，矿产开采、冶炼、加工等产业用电量占工业总用电量的 40%；非洲各行业电力需求预测如图 3-17 所示。

从地域分布看，北部、西部和南部非洲需求占比较高，西部、中部和东部非洲需求增速较快。2050 年，北部、南部非洲仍是非洲主要的负荷中心，西部非洲也崛起为重要负荷中心。北部、西部和南部非洲电力需求分别占总电力需求的 29%、25% 和 24%。东部和中部非洲 2016 年分别占非洲总电力需求的 6% 和 3%，2050 年占比分别增至 13% 和 9%。2016—2050 年，西部、东部和中部非洲电力需求年均增速分别为 8.8%、7.7% 和 9.0%，高于非洲平均增速 2 ~ 3 个百

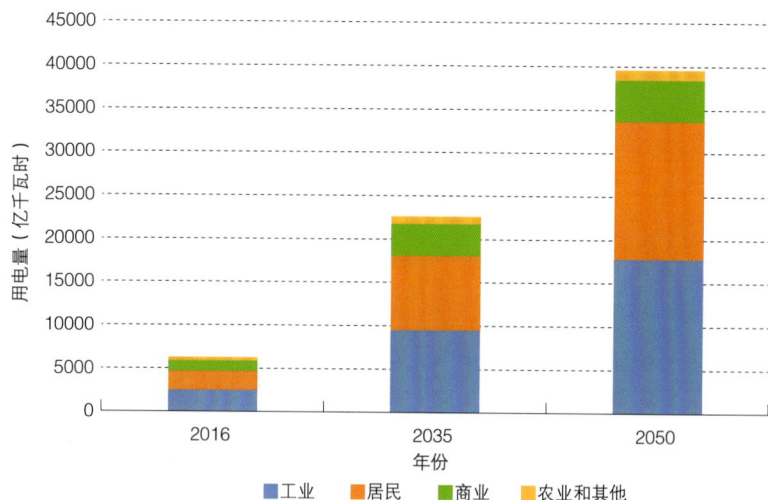

图 3-17　非洲各行业电力需求预测

分点。非洲各区域用电量占比见图 3-18。非洲各区域电力需求预测见表 3-1，各国电力需求预测情况详见附表 2-3。

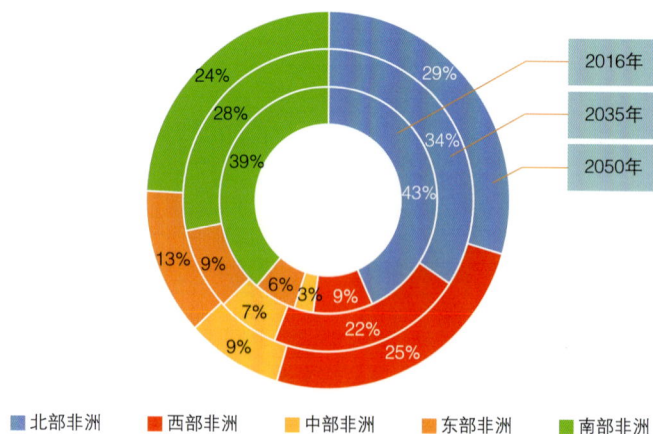

图 3-18　非洲各区域用电量占比

表 3-1　非洲各区域电力需求预测

区域	用电量（亿千瓦时）			用电量增速（%）		最大负荷（亿千瓦）			最大负荷增速（%）	
	2016	2035	2050	2016—2035	2036—2050	2016	2035	2050	2016—2035	2036—2050
北部非洲	2752	7750	11700	5.6	2.8	0.58	1.44	2.15	4.9	2.7
西部非洲	564	4940	9910	12.1	4.7	0.10	0.87	1.67	11.8	4.5
中部非洲	181	1541	3410	11.9	5.4	0.03	0.27	0.62	12.0	5.7
东部非洲	403	2017	5000	8.8	6.2	0.08	0.39	0.96	8.4	6.2
南部非洲	2466	6440	9650	5.2	2.7	0.48	1.14	1.74	4.7	2.9
非洲	6366	22688	39670	6.9	3.8	1.28	4.11	7.14	6.3	3.8

　　电力普及率大幅提高，2050年非洲全面实现人人享有电能目标。2035年，依托输配电网、小微电网和分布式发电快速发展，非洲总体电力普及率达到90%，其中北部非洲电力普及率达到100%，西部和南部非洲达到90%以上，东部和中部非洲达到约80%。2050年，随着城镇化水平的进一步提高和偏远区域配电网的逐步完善，全面解决无电人口用电问题。

3.3　电力供应

3.3.1　总体发展研判

　　非洲清洁能源资源总量丰富、种类多样、分布广泛，多种能源跨时区、跨季节互补效益显著。**随着清洁能源发电成本的持续降低，清洁能源开发的经济、规模优势将越发凸显，从而有力推动非洲电力供应清洁化，电力供应呈现多样化发展趋势。**

　　清洁能源发电竞争力日益增强，发电成本将逐步低于化石能源。2016年，非洲水电、光伏、陆上风电度电成本分别约为7、16、9美分/千瓦时❶，与化石能源发电成本基本接近，如图3-19所示。目前，北非埃及光伏和风电项目中标价已分别低至2.5美分/千瓦时和3美分/千瓦时，撒哈拉以南非洲赞比亚的光伏项目中标价已经低至4美分/千瓦时。预计2030年前光伏和风电竞争力将全面超过化石能源，随着技术进步，未来经济性将会进一步增强。大规模储能技术日益成熟，与风光合理配置，并实施源-网-荷-储协调优化控制，清洁能源具备大规模灵活调节能力，能够成为主力电源，确保高比例清洁能源电力系统的安全稳定运行。

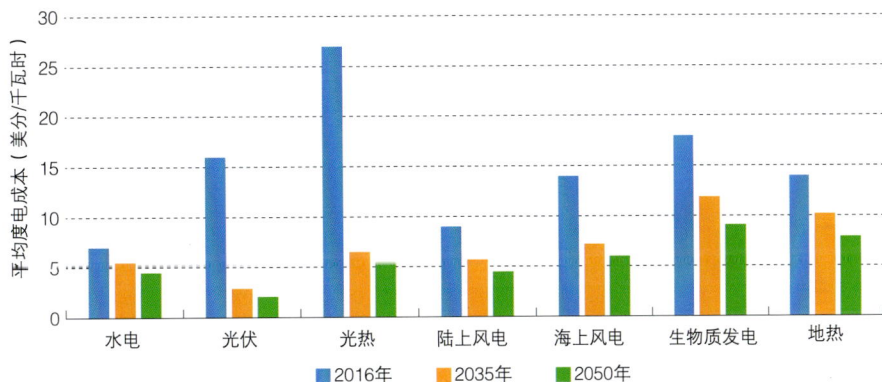

图3-19　非洲清洁能源度电成本变化趋势

　　根据非洲各区域能源资源禀赋，因地制宜开发清洁能源、增强电力供应能力，通过大范围电网互联实现多能互补开发利用，支撑间歇性的风电和太阳能发电大规模开发和接入。

　　1　北部非洲

　　以太阳能为主的清洁能源发电将在北部非洲电力供应中占据主导地位。北部非洲太阳能资

---

❶　数据来源：国际可再生能源署，可再生发电成本2017，2018。

源极为丰富，随着太阳能发电和储能技术的不断成熟，度电成本将快速下降，未来该区域光伏和光热发电将进一步加速发展，成为主力电源。

充分利用北非地理区位优势，打造清洁能源枢纽平台。北非是亚欧非三大洲接壤的重点枢纽区域，统筹资源禀赋、能源电力发展需要，在环地中海区域推动跨国、跨区、跨洲能源互联互通，实现西亚太阳能、中部非洲水电向北非汇聚，跨时空多能互补互济后，跨地中海外送欧洲消纳，能够极大提高清洁能源利用效率，实现清洁能源的大规模、大范围优化配置。

专 栏　北部非洲未来储能配备规模

北部非洲地域广袤平坦，太阳能资源极为丰富，适合大规模开发太阳能发电基地。未来，北非清洁替代不断深化，油气化石能源发电占比快速下降，将逐步形成以太阳能为主的高比例清洁能源发电结构。由于太阳能、风电等清洁能源发电具有间歇性和随机性，储能技术将成为未来北非电力供需中的关键技术之一，支撑北非各国电力负荷调峰需求。

结合北非各国负荷特性，最大负荷出现在晚上 8～10 时，最小负荷出现在凌晨 5～7 时，预计 2050 年最大峰谷差约 5000 万千瓦。根据分析计算，若 2050 年火电装机比例下降至 30%，太阳能、风电装机比例提高至 65%，则至少需配备约占总装机容量 10% 的发电侧储能（含光热和化学储能），以满足北非高比例清洁能源情景下的电力需求及运行要求。

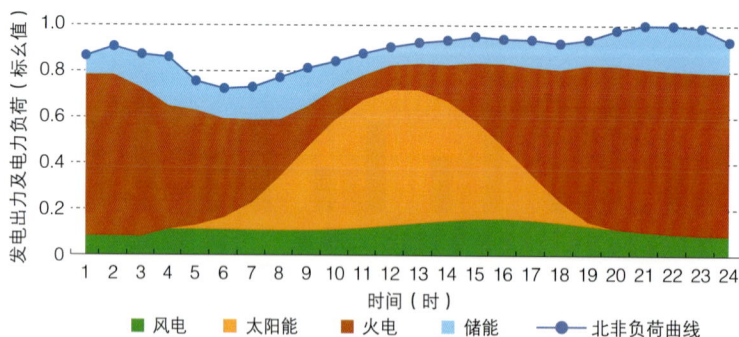

图 1　北部非洲典型日高比例清洁能源电力系统运行模拟示意图

2　西部非洲

西非水电未来将扮演重要角色。西非水能资源主要分布在尼日尔河、塞内加尔河、沃尔特河、冈比亚河流域，分布广泛，覆盖人口多，水电技术可开发量约 4400 万千瓦，目前仅开发 12%，发展潜力较大。

优先加快水电开发，通过网源协调发展，实现水、光互济和大范围优化配置。优先推进尼日尔河、冈比亚河、塞内加尔河等流域水电开发。西非河流整体季节性丰枯显著，与尼日尔、马里、毛里塔尼亚太阳能互补性强，尼日尔河径流量主要集中在每年9月至次年2月，太阳能辐射强度最低的月份是10月至次年2月。加强西非电网基础设施建设、升级改造和跨国联网，构建横贯西非东西部清洁能源输电走廊，推动能源电力现代化、清洁化发展。

专栏　　西非输电与输气的选择

天然气作为低碳能源，同样在世界能源转型中发挥着重要作用，结合非洲能源资源禀赋及发展阶段，未来非洲天然气需求规模和范围都将进一步扩大，天然气管道的配置方式将难以为继，而以电代气，将天然气转换成电能，通过电网输送，作为重要的能源出口技术方案，具有经济、安全和稳定优势。

通过全寿命周期经济性分析，由于电站投资较大，输电工程总投资一般略高于输气，但考虑碳价、运维费等成本，大规模、远距离能源配置下，输电工程年费用一般低于输气。经测算，天然气价格高于0.15美元/立方米时，输电较输气经济性好，当输送距离达2000千米以上时，输电经济性更为显著。

西非尼日利亚天然气资源丰富，目前除本国开发利用外，还通过建设输气管道出口加纳、科特迪瓦等国，未来除满足本国及周边国家天然气需求外，还可跨区外送南部非洲、跨洲外送欧洲等能源需求中心。考虑尼日利亚距欧洲径直穿撒哈拉沙漠3500千米、绕行距离5000千米以上，距南非也有4000千米以上，采用以电代气，通过特高压技术，大规模远距离外送清洁电力的经济性更好，且更有利于运行维护，能大幅提高能源供应的安全稳定性。

---

3 中部非洲

刚果河水电开发对于非洲清洁发展具有重要意义。中部非洲清洁能源资源以水能为主，主要分布在刚果河、奥果韦河、萨纳加河流域，水电技术开发装机容量约1.8亿千瓦，其中刚果河是世界上水能资源最为丰富的河流，技术可开发装机容量约1.5亿千瓦。加快刚果河水电开发，打造非洲"能源心脏"，发挥水电"调节器"作用，促进整个非洲太阳能发电、风电大规模开发利用，将带动各国电力基础设施建设和跨国互联，实现清洁能源更大范围优化配置；同时将引领非洲能源互联网建设，为各国发展提供充足、经济的电力保障。

大英加水电的消纳市场

　　大英加水电装机容量可达 6000 万千瓦，工程容量巨大，区内消纳规模有限，需在更大范围优化配置。洲内，西部、南部非洲是重要的电力负荷中心，能源资源相对有限，是大英加水电的目标市场，远期东非也将通过跨区受电满足快速增长的电力需求。洲外，欧洲经济发达、电力需求大，随着电能替代比例提升，也存在较大电力缺口，是大英加水电潜在市场。

　　西非距离大英加水电基地较近，人口众多、矿产资源丰富、经济发展速度快，采矿业、冶炼业发展将带动电力需求增长，尼日利亚、几内亚、加纳等国未来将存在较大电力缺口。大英加水电送电西非，发挥各自资源优势，协调发展，互利共赢，可成为破解大英加水电大规模开发和高效利用难题的突破口。

　　南非作为整个南部非洲经济体量最大的国家，用电需求约占整个区域的 80%。该国矿产资源丰富，基础设施相对完善，未来仍具备较大的发展空间。随着老旧煤电机组的逐步退役，预计电力缺口较大，南非将成为大英加水电的重要市场。

　　东非虽然清洁能源资源较为丰富，但未来随着人口快速增长和制造业迅猛发展，远期本地电源将无法满足快速增长的负荷需求，东非也是大英加水电的潜在市场之一。

4　东部非洲

　　清洁能源种类丰富，开发前景广阔。东非水、风、光、地热能等多种清洁资源丰富，水能资源集中在尼罗河、朱巴河和鲁菲吉河流域；太阳能资源集中在苏丹、坦桑尼亚和埃塞俄比亚；风能资源集中在红海和亚丁湾沿岸、撒哈拉沙漠边缘和东非大裂谷两侧高地；地热能集中在红海—亚丁湾—东非大裂谷地热带。

　　加快多种清洁能源开发，多能互补互济、联合调节。优先加快埃塞俄比亚水电开发，大力发展东非大裂谷地热发电，积极开发太阳能和风能资源，加强东非区内和跨区电网互联，实现多能互补互济，提高清洁能源发电和输电通道利用效率。

埃塞俄比亚可成为区域能源枢纽

　　埃塞俄比亚水能资源优异，主要位于青尼罗河，水电装机潜力约 4500 万千瓦，水量多来自埃塞俄比亚高原上的季节性降雨，每年 6 月至 10 月为雨季，径流量最高可达 5800 立方米 / 秒；11 月至次年 5 月为旱季，水流量较小，仅为丰期的 3% ~ 20%，最低径流量仅

200 立方米 / 秒，季节特性显著。

依托电网互联互通和多能互补互济，埃塞俄比亚具有成为东部非洲能源枢纽的巨大潜力。地理上看，埃塞俄比亚位于东部非洲核心地带，向北连接北部非洲，向东跨红海至阿拉伯半岛，向南辐射南部非洲，具有显著的区位优势。东非南部区域地热能资源丰富，水能特性与北部区域丰枯期互补，依托埃塞俄比亚实现南北部能源互联，可实现区内丰枯互济、多能互补、灵活调节；同时，可通过汇集水电等清洁能源，输送至南部非洲和西亚西部负荷中心，为两区域提供多样化能源供应，助力能源清洁化转型。

5 南部非洲

能源电力发展加速"脱煤"。 南非作为非洲最大的能源电力需求中心，大量的煤炭消耗带来了严重的生态环境隐患，未来老旧煤电将逐步退役，可通过开发区内赞比西河水电和太阳能、风能资源，受入区外刚果河水电等清洁电力，满足区内电力需求。

充分利用跨流域互补特性，跨区受入清洁能源电力。 赞比西河与尼罗河具有较好的跨流域季节互补性，赞比西河 11 月至次年 5 月处于丰水期，6 月至 10 月处于枯水期，流量特性与尼罗河相反，通过电网互联，实现清洁能源跨区互补互济，联网通道利用小时数可达 5200 小时以上。

专 栏　煤电在南非未来能源中的角色

南非是非洲大陆工业最发达的国家，能源资源消耗大。该国油气资源稀缺，煤炭储量丰富，煤炭在能源结构中占主导地位，为其提供了 70% 的一次能源供应和 90% 的电力供应，在国民经济中占有十分重要地位，是其第二大出口矿产品。南非是全球第五大煤炭生产国和第四大煤炭出口国。

煤炭的大规模利用带来了固体废弃物、水资源污染、大气污染和大规模温室气体排放等一系列生态环境问题。煤炭产业占该国碳排放总量的 86%，占整个非洲大陆二氧化碳排放的 36%。南非目前煤炭产业结构中，高品质煤炭出口换汇，中低品质煤炭发电自用，使得煤电成为煤炭污染的重要来源。

考虑该国煤炭储量丰富和易开采特点，近中期，煤电仍是主力电源，煤炭在一次能源中继续占据主导地位。远期，随着清洁能源、储能技术和跨国电网互联的发展，煤电在电源装机中的占比将从 82% 降至 2035 年的 40%。煤炭在一次能源中的比重也将逐步降低，预计到 2050 年控制在 20% 以内。

3.3.2 电力供应展望

　　未来，非洲的电源结构由"化石能源主导"逐步转向"水风光协同清洁发展"，总装机容量和人均装机容量大幅提高。 非洲电源装机展望如图 3-20 所示，2050 年前非洲电源装机结构如图 3-21 所示。

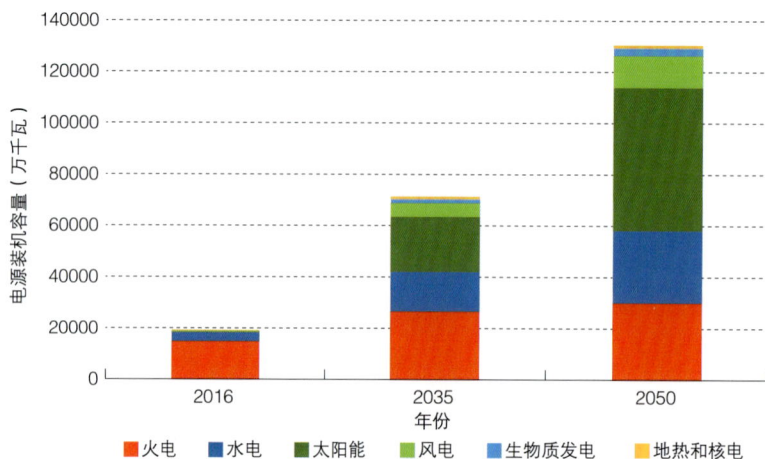

图 3-20　非洲电源装机展望

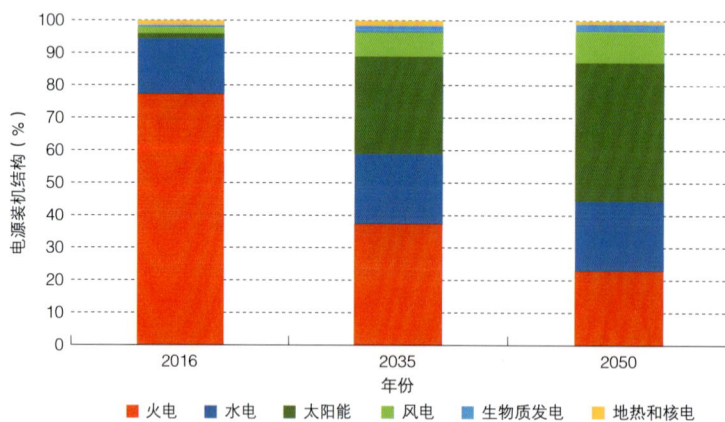

图 3-21　非洲电源装机结构

　　2035 年，非洲总装机容量约 7.1 亿千瓦， 是 2016 年的 3.7 倍。清洁能源装机占比从 2016 年的 23% 提高到 62%，其中非水可再生能源装机占比大幅提高，从 2016 年的 6% 提高到 41%；水电开发程度达 45%，水电装机占比由 2016 年的 17% 升至 21%；火电装机占比明显降低，由 2016 年的 77% 降至 38%。人均装机容量达到 0.38 千瓦，是 2016 年的 2.4 倍。

2050 年,非洲总装机容量约 13.1 亿千瓦, 是 2016 年的 6.8 倍。清洁能源装机占比继续提高，达到 77%，其中非水可再生能源装机占比 55%，成为主力电源；水电开发程度达到 82%，水电装机占比保持在 21%；火电装机占比下降至 23%。人均装机容量达到 0.52 千瓦，是 2016 年的 3.3 倍，仍低于世界平均水平。非洲各国具体装机容量预测详见附表 2-4。

2035 年， 非洲清洁能源发电量 1.3 万亿千瓦时，占总发电量比重由 2016 年的 20% 提高到 52%，其中非水可再生能源发电量 7080 亿千瓦时，从 2016 年的 5% 提高到 28%。水电发电量 6000 亿千瓦时，占比由 2016 年的 15% 升至 24%。火电发电量 1.2 万亿千瓦时，由 2016 年的 80% 降至 48%。

2050 年， 非洲清洁能源发电量 3.0 万亿千瓦时，占总发电量比重提高到 68%，其中非水可再生能源发电量 1.8 万亿千瓦时，占比提高到 42%。水电发电量 1.2 万亿千瓦时，占比升至 26%。火电发电量 1.4 万亿千瓦时，占比降至 32%。

分区域看， 北部、南部非洲仍是非洲电源装机比重最大的区域，2050 年装机容量分别为 3.7 亿、3.0 亿千瓦，占非洲总量的 28%、23%。西部、东部、中部非洲装机容量增速较快，2050 年装机容量分别为 2016 年的 11、19、27 倍。非洲各区域装机占比见图 3-22。从分区域电源装机结构看，中部非洲由于刚果河水电大规模开发，以水电为主导电源，装机占比达到 89%；非洲其他区域以太阳能发电为主，2050 年占比普遍达到 40% 以上，如图 3-23 所示，北部非洲太阳能装机占比甚至达到 56%，需要通过配备储能装置，提高系统灵活性等方式保障安全可靠运行。

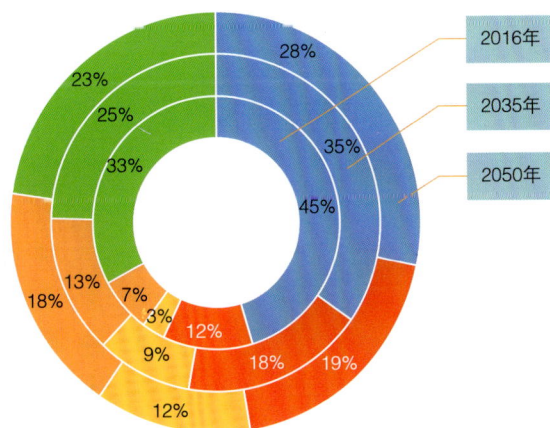

图 3-22 非洲各区域电源装机占比

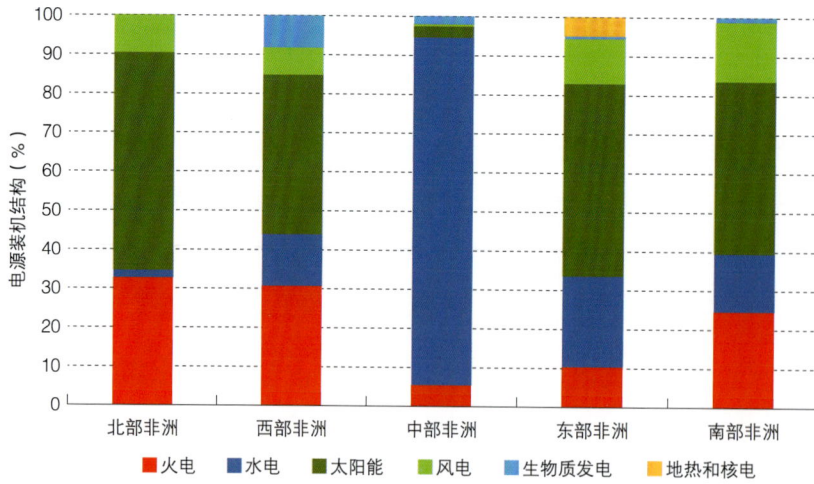

图 3-23　2050 年非洲各区域电源装机结构

4

清洁能源资源
开发布局

非洲清洁能源资源丰富，包括水能、太阳能、风能、地热能、生物质能等，其中水能、太阳能、风能理论蕴藏量分别占全球的 11%、40% 和 32%。非洲清洁能源开发程度较低，水电开发比例不足 10%，风电和太阳能开发处于起步阶段，开发潜力巨大。统筹资源禀赋和需求分布，未来通过集中式和分布式协同开发，实现清洁能源大规模开发和高效利用。综合风、光、降水等气候数据以及地理信息、地物覆盖等数据，提出了清洁能源资源评估模型（见附录1）。在此基础上，参考借鉴相关国家和国际组织、机构等发布的研究成果，对非洲清洁能源资源及大型基地布局进行研判。

4.1 清洁能源资源分布

4.1.1 水能

非洲大陆年平均降水总量约 20 万亿立方米，降水空间分布差异较大，中部区域降水量占比近 40%，北部区域降雨量不足 3%。中部赤道地区终年多雨、水量丰富、支流众多、河网密布，形成刚果河、尼罗河、尼日尔河等水系；东南部地区受印度洋暖湿气流影响，降水丰沛，形成赞比西河、奥兰治河等水系。非洲主要河流分布如图 4-1 所示。

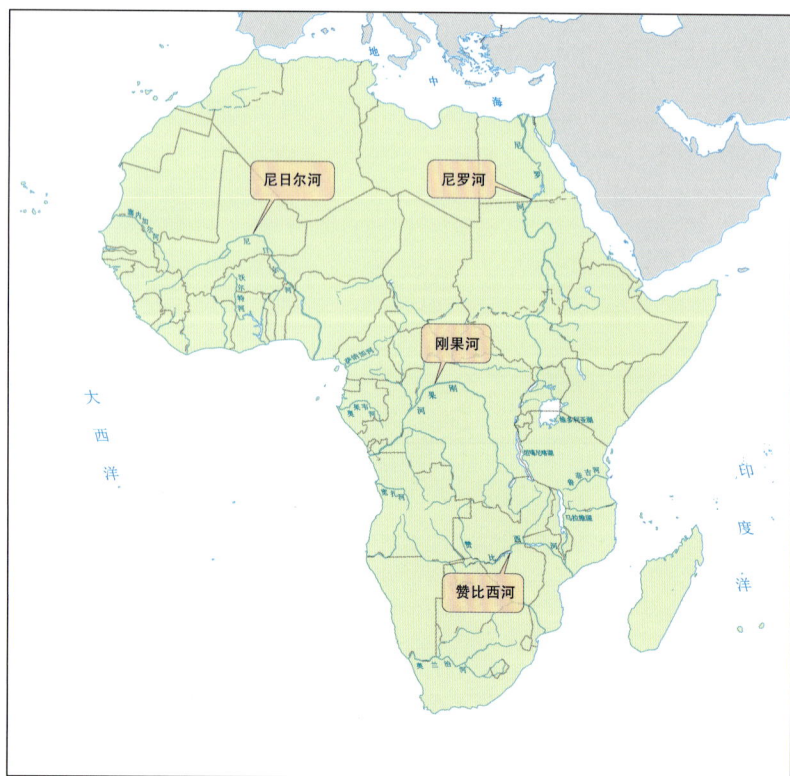

图 4-1 非洲主要河流示意图

非洲水能理论蕴藏量约 4.4 万亿千瓦时 / 年，技术可开发装机容量约 3.4 亿千瓦。非洲水能资源主要分布在刚果河、尼罗河、尼日尔河和赞比西河四大流域，约占非洲水能资源总量的80%。分区域看，中部非洲水能资源最为丰富，占非洲水能资源总量的一半以上，97%以上尚未开发。分国家看，刚果（金）、埃塞俄比亚、安哥拉、赞比亚、喀麦隆、刚果（布）、马达加斯加等国水能资源较丰富。非洲各国水能技术可开发量分布如图4-2所示。

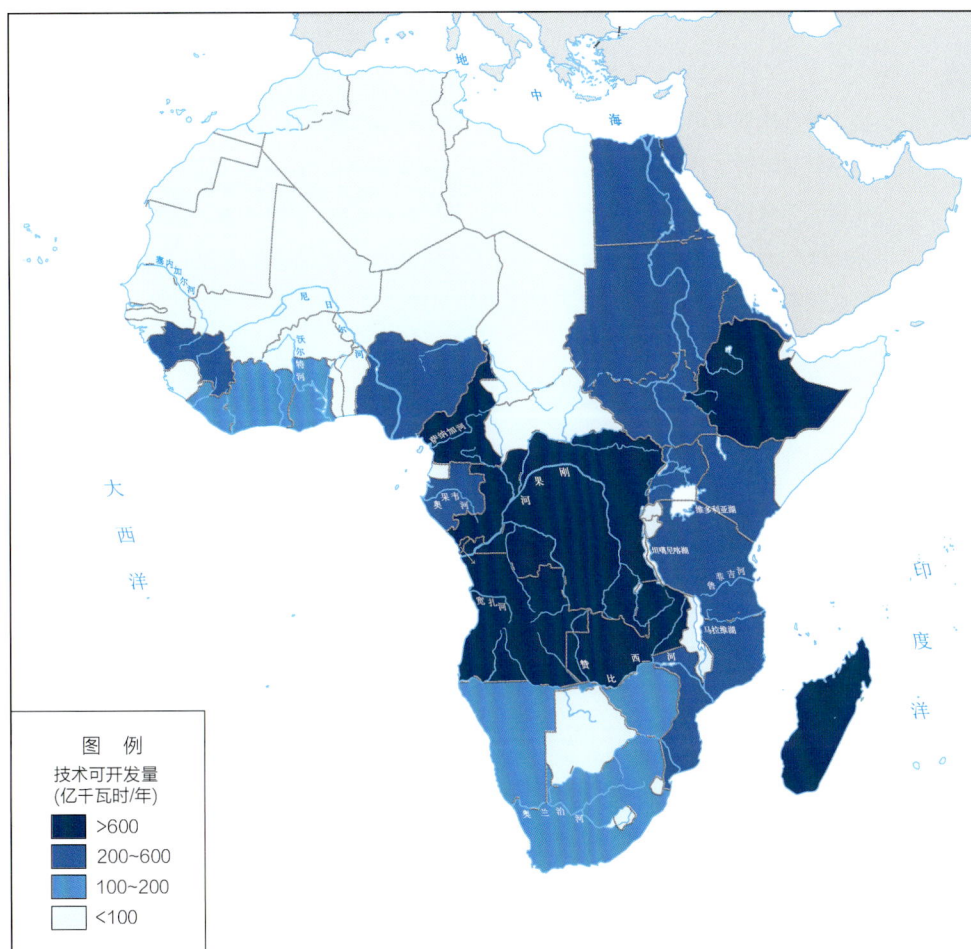

图4-2　非洲各国水能技术可开发量分布示意图

刚果河 ▶ ···

位于非洲中西部，主要位于刚果（金）境内，流经刚果（布）、喀麦隆、中非、卢旺达、布隆迪、坦桑尼亚、赞比亚和安哥拉等国。刚果河干流全长4640千米，为非洲第二长河，流域面积约370万平方千米，河口年均流量4.1万立方米/秒，其流域面积和流量均居非洲首位，在世界大河中仅次于南美洲的亚马孙河。刚果河水能资源极为丰富，理论蕴藏量为2.5万亿千瓦时/年，技术可开发装机容量约1.5亿千瓦，开发比例不到2%，开发潜力巨大。

尼罗河 ▶ ···

流经非洲东部与北部，自南向北经过坦桑尼亚、布隆迪、卢旺达、肯尼亚、乌干达、南苏丹、埃塞俄比亚、苏丹和埃及注入地中海，有三条主要的支流，分别为白尼罗河、青尼罗河和阿特巴拉河。尼罗河干流全长6853千米，是世界上最长的河流，流域面积330万平方千米，河口年均流量2800立方米/秒。尼罗河水能理论蕴藏量约8000亿千瓦时/年，技术可开发装机容量约6000万千瓦，开发比例约15%。

赞比
西河 ▶ ....

发源于赞比亚西北部边境山地，干流流经安哥拉、纳米比亚、博茨瓦纳、津巴布韦、赞比亚和莫桑比克等国，支流流经马拉维，最后于莫桑比克海峡汇入印度洋。赞比西河干流全长 2700 千米，流域面积 135 万平方千米，河口年均流量 7100 立方米／秒。赞比西河水能理论蕴藏量 2200 亿千瓦时／年，技术可开发装机容量约 1600 万千瓦，开发比例约 33%。

尼日
尔河 ▶ ....

发源于几内亚境内的富塔贾隆高原靠近塞拉利昂边境区域，干流流经几内亚、马里、尼日尔和尼日利亚等国，于几内亚湾汇入大西洋，支流伸展到科特迪瓦、布基纳法索、乍得、喀麦隆等国，重要支流有贝努埃河、巴尼河等。尼日尔河干流全长 4200 千米，流域面积 150 万平方千米，河口年均流量 6300 立方米／秒。尼日尔河水能资源理论蕴藏量 3600 亿千瓦时／年，技术可开发装机容量约 2000 万千瓦，开发比例约 10%。

4.1.2　风能

非洲风能理论蕴藏量 650 万亿千瓦时／年，居世界各大洲首位，开发程度低、发展潜力大。

从风速分布上看，距地面 100 米高度年平均风速范围为 2 ~ 11 米／秒 ❶。非洲年平均风速分布如图 4-3 所示。非洲全年平均风速大于 7 米／秒的区域主要分布于摩洛哥和毛里塔尼亚西部沿海地区，索马里东部沿海地区，纳米比亚西南沿海、南非南部海域，阿尔及利亚中部地区，

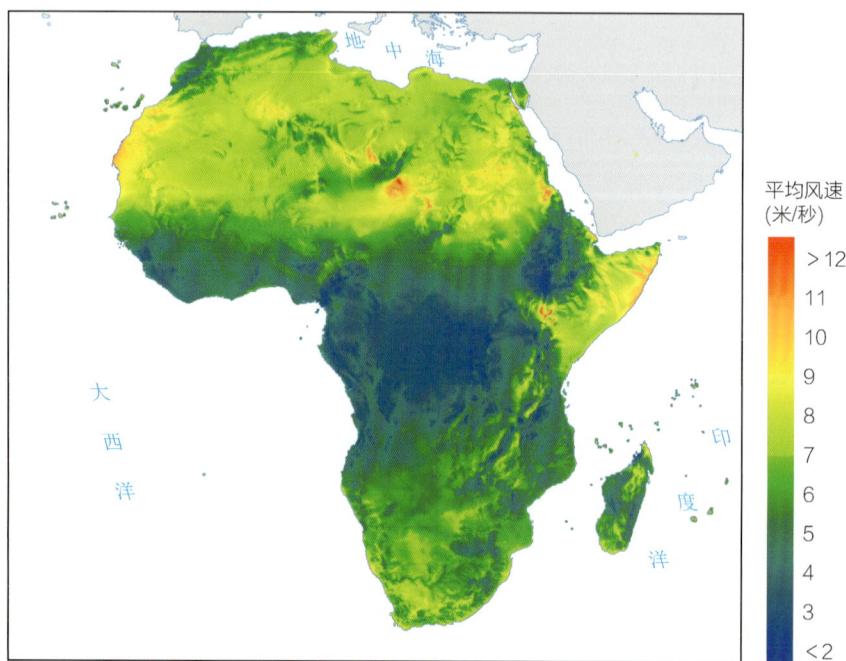

平均风速
(米/秒)

> 12
11
10
9
8
7
6
5
4
3
< 2

图 4-3　非洲年平均风速分布示意图

---

❶ 数据来源：VORTEX，风能资源信息数据库。

利比亚西部地区，乍得北部地区以及苏丹北部地区。摩洛哥和毛里塔尼亚西部沿海地区地处北大西洋西部风带，部分地区全年平均风速可达 11 米 / 秒；索马里东部沿海地区地处印度洋西北部，全年平均风速高于 7 米 / 秒，部分地区可达 11 米 / 秒。纳米比亚西南沿海和南非南部海域风能资源较好，部分地区全年平均风速可达 10 米 / 秒。非洲风速低于 5 米 / 秒的区域主要分布于几内亚西南部、塞拉利昂中部、利比里亚西南部、喀麦隆全境、刚果（金）和刚果（布）全境以及埃塞俄比亚西部，风速较低。

将自然保护区、城市、耕地农田、水系湿地等不适宜开发地区排除后，非洲风电技术可开发量约 67 万亿千瓦时 / 年 [1]。

4.1.3　太阳能

非洲太阳能理论蕴藏量 60000 万亿千瓦时 / 年 [2]，居世界各大洲首位，开发程度低、发展潜力大。非洲太阳能年总水平面辐射量（GHI）范围在 1200 ~ 2800 千瓦时 / 平方米 [3]。

非洲太阳能年总水平面辐射量大于 2000 千瓦时 / 平方米的区域主要分布于摩洛哥南部、阿尔及利亚中部及南部地区、利比亚、埃及、毛里塔尼亚、马里、尼日尔、乍得、苏丹、布基纳法索北部地区、尼日利亚北部地区、埃塞俄比亚东部地区、索马里、肯尼亚、坦桑尼亚、纳米比亚、博茨瓦纳、赞比亚和南非北部地区。摩洛哥南部、阿尔及利亚中南部地区、利比亚、埃及、毛里塔尼亚、马里、尼日尔、乍得、苏丹地处亚热带撒哈拉沙漠地区，受副热带高压、干燥信风和寒流的共同影响，植被覆盖率低，气候干旱，太阳辐射强，部分地区太阳能年总水平面辐射量可达 2500 千瓦时 / 平方米；布基纳法索和尼日利亚北部区域属热带草原气候，植被覆盖率低，太阳能年总水平面辐射强度高。埃塞俄比亚东部和索马里属热带沙漠气候和热带草原气候。终年高温干旱，植被覆盖差，太阳能年总水平辐射强度高；肯尼亚和坦桑尼亚地处热带季风区，大部分地区属热带草原气候，沿海地区湿热，高原气候温和，太阳能年总水平面辐射量可达 2200 千瓦时 / 平方米以上；纳米比亚、博茨瓦纳、赞比亚和南非北部地处亚热带干旱、半干旱地区，太阳能辐射强度高，部分区域太阳能年总水平面辐射量可达 2500 千瓦时 / 平方米。非洲太阳能年总水平面辐射量较低的地区主要分布于尼日利亚南部、喀麦隆西部、加蓬西部以及刚果（布）南部的沿海地区。这些地区植被覆盖率相对较高，降水较多，太阳辐射强度相对较低。

非洲太阳能年总水平面辐射量分布如图 4-4 所示。

---

[1] 数据来源：国际可再生能源署、瑞典皇家理工学院，评估非洲可再生能源潜力，2014。此处仅考虑容量因数大于 30% 的区域，若考虑容量因数大于 20% 的区域，非洲风电技术可开发量约为 458 万亿千瓦时 / 年。
[2] 数据来源：刘振亚，全球能源互联网，2015。
[3] 数据来源：SOLARGIS，太阳能资源信息数据库。

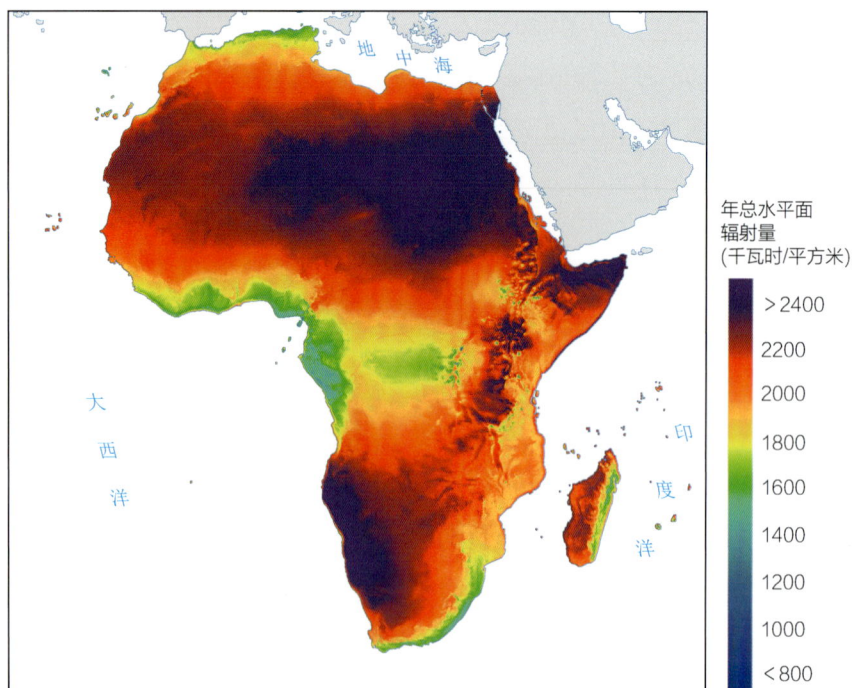

图 4-4　非洲太阳能年总水平面辐射量分布示意图

非洲太阳能年总法向直射辐射量（DNI）范围在 500 ~ 3000 千瓦时 / 平方米。

　　非洲太阳能年总法向直射辐射量大于 2000 千瓦时 / 平方米的地区主要分布于摩洛哥南部地区、阿尔及利亚中部及南部地区、利比亚、埃及、毛里塔尼亚北部地区、马里北部地区、尼日尔北部地区、乍得北部地区、苏丹北部地区、索马里东北部地区、纳米比亚、博茨瓦纳、赞比亚南部地区、津巴布韦西部地区和南非。摩洛哥南部地区、阿尔及利亚中南部地区、利比亚、埃及、毛里塔尼亚北部地区、马里北部地区、尼日尔北部地区、乍得北部地区和苏丹北部地区地处撒哈拉沙漠地带，气候干旱，太阳能直射辐射强度高；纳米比亚、博茨瓦纳、赞比亚南部地区、津巴布韦西部地区和南非太阳能直射辐射强度高，大部分区域太阳能年总法向直射辐射量大于 2500 千瓦时 / 平方米。非洲太阳能总法向直射辐射量较低的地区主要分布于科特迪瓦南部地区、加纳南部地区、贝宁南部地区、尼日利亚南部地区、喀麦隆西部地区、加蓬、刚果（布）南部地区。该部分地区植被覆盖率相对较高，太阳能直射辐射强度较低。

　　非洲太阳能年总法向直射辐射量分布如图 4-5 所示。

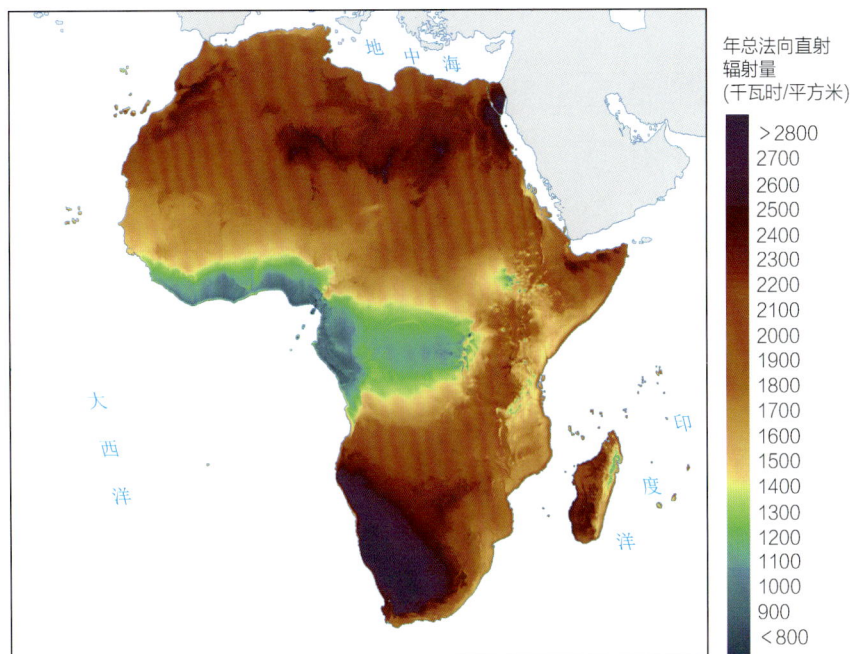

图 4-5　非洲太阳能年总法向直射辐射量分布示意图

排除不适宜开发地区，非洲光伏技术可开发量约 665 万亿千瓦时 / 年，光热技术可开发量约 470 万亿千瓦时 / 年 ❶，是非洲开发潜力最大的清洁能源。

4.1.4　地热能

非洲地热能资源丰富，主要集中在东非大裂谷地区。东非大裂谷是全世界大陆上最大的断裂带，由板块张力造成，在裂谷间有相当多的湖泊与火山群，因熔岩而造就的熔岩高原，蕴藏着丰富的地热能，热储温度在 2000 摄氏度以上，是世界上为数不多的高密度地热能集聚地。地热带主要从红海和亚丁湾沿岸的阿法尔三角地向南部东非裂谷延伸，经过肯尼亚、埃塞俄比亚、吉布提、乌干达等国，直至莫桑比克，全长约 6500 千米。

非洲地热能技术可开发量约 2000 万千瓦 ❷，主要集中在肯尼亚、埃塞俄比亚，技术可开发量分别为 1000 万千瓦、700 万千瓦，合计占非洲地热能总资源量的四分之三。此外，坦桑尼亚、乌干达、卢旺达和吉布提也具备发展地热能发电的潜力。

非洲地热开发比例仅约 4%，已开发地热电站几乎全部位于肯尼亚 ❸，主要集中在奥尔卡里亚和埃布鲁地热田，未来可开发潜力较大。

---

❶ 数据来源：国际可再生能源署、瑞典皇家理工学院，评估非洲可再生能源潜力，2014。
❷ 数据来源：非洲开发银行、联合国环境署等，非洲能源资源图册，2018。
❸ 数据来源：国际可再生能源署，可再生能源统计，2018。

4.1.5 生物质能

非洲具备发展生物质能的潜力。这里的生物质能既包括薪柴、木料、动物粪便等初级固体生物质能，这是目前非洲能源第一大来源，占一次能源需求 45%[1]，同时，也包括可大规模工业化利用的新型生物质燃料，如甘蔗、麻风树和大豆。其中，甘蔗可转化为生物乙醇燃料，麻风树和大豆可转化为生物柴油。非洲适合生物燃料作物生长的土地面积约 8.1 亿公顷，占全世界的 29%[2]，主要分布在中部、西部和南部非洲。目前仅有东部、南部非洲部分国家装机容量超过 10 万千瓦，未来发展潜力巨大。

4.2 清洁能源基地布局

非洲清洁能源宜以集中式与分布式开发并举。非洲各区域清洁能源资源均较为丰富，但主要分布在沙漠、雨林等人口稀疏、经济欠发达地区，与负荷需求呈逆向分布，如图 4-6 所示。需要集约化开发大型水电、风电和太阳能基地，大规模、远距离输送至负荷中心，满足人口聚集地区的经济社会发展用电需求。同时，非洲输配电网基础较薄弱，分布式开发作为集中式开发的重要补充，可快速满足偏远农村、山区及人口分布稀疏地区无电人口基本生活用电需求。

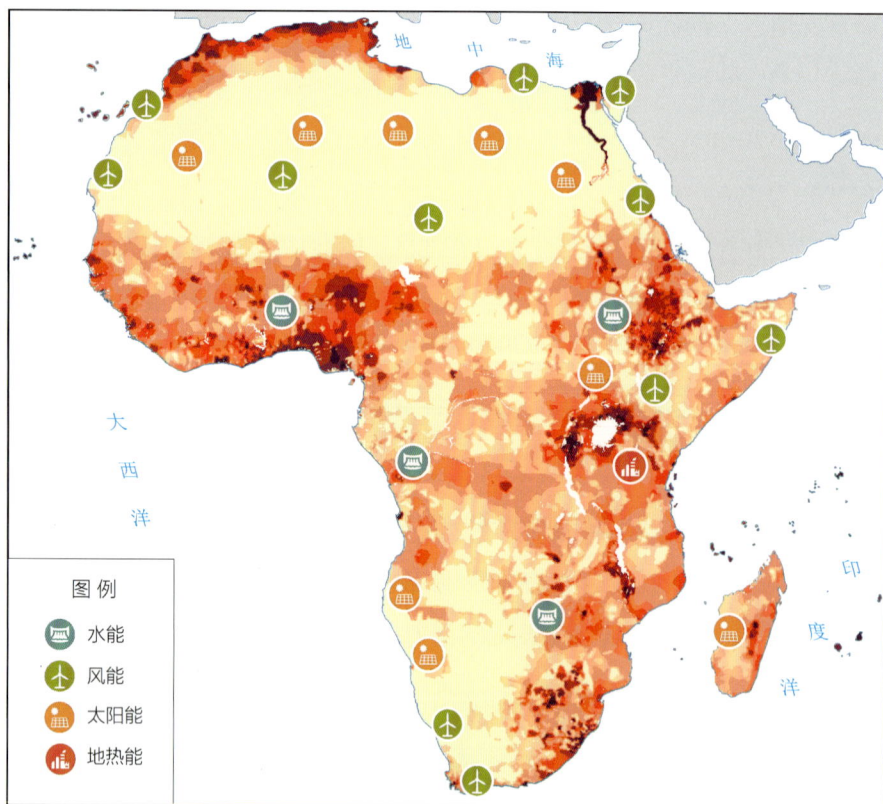

图 例
- 水能
- 风能
- 太阳能
- 地热能

图 4-6 非洲人口与主要清洁能源资源分布示意图 [3]

---

[1] 数据来源：国际能源署。
[2] 数据来源：国际可再生能源署，全球生物质能供需预测，2014。
[3] 非洲人口热力图来自联合国发展署。

统筹清洁能源资源分布、开发条件、开发现状，结合各国能源电力发展规划，2050 年前，重点开发 37 个大型清洁能源基地，总技术可开发装机容量约 33 亿千瓦，包括四大流域水电基地，21 个太阳能基地和 12 个风电基地，如图 4-7 所示。

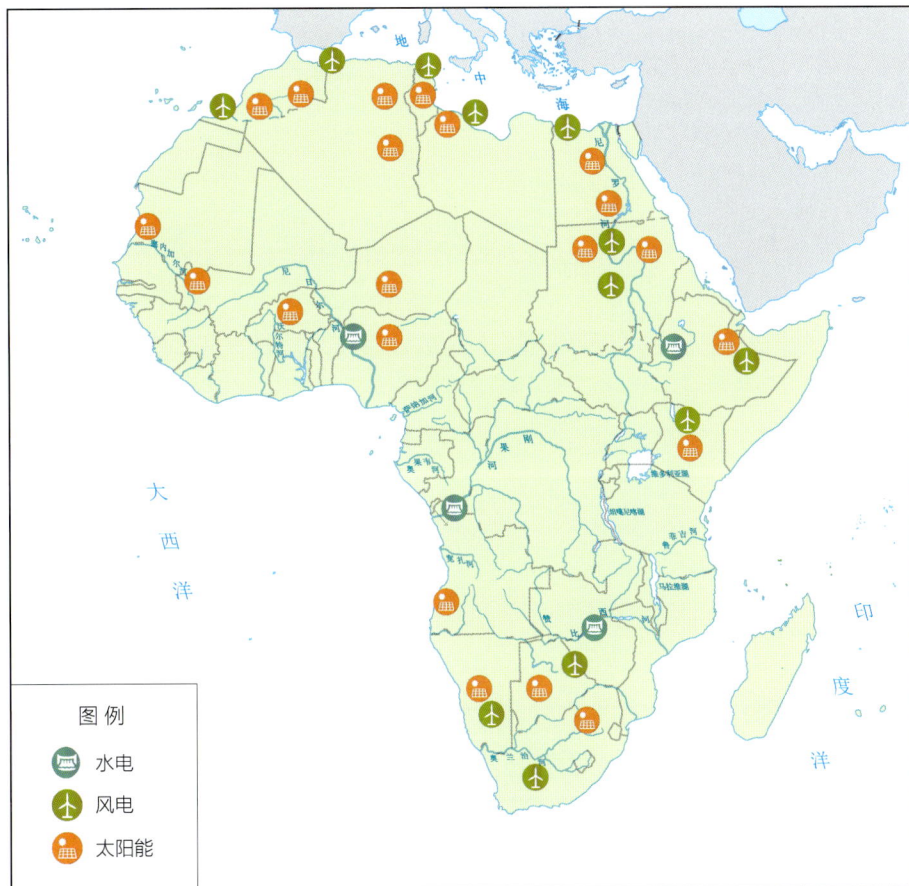

图 4-7　非洲大型清洁能源基地布局示意图

4.2.1　水电基地

非洲未来重点开发刚果河、尼罗河，赞比西河、尼日尔河流域四个大型水电基地。2050 年，四大流域水电基地装机容量超过 1.9 亿千瓦，开发比例约 80%。

1　刚果河水电基地

刚果河水电基地位于中部非洲刚果（金）、刚果（布）、喀麦隆、中非等国，重点开发干流下游、干流上游、开赛河等左岸支流和桑加河等右岸支流，目前开发比例约 2%。刚果河流域水电可开发装机分布如表 4-1 所示。统筹消纳空间与开发时序，2035、2050 年，刚果河水电基地装机容量分别达到 4000 万、1.15 亿千瓦，2050 年流域水电开发比例为 77%。

表 4-1 刚果河流域水电可开发装机分布

流域名称		可开发装机容量（万千瓦）
干流	刚果河干流下游	11000
	刚果河干流上游	756
左岸主要支流	卢阿拉巴河	133
	开赛河	827
右岸主要支流	乌班吉河	633
	桑加河	278
其他中小水电		1200
合计		14827

刚果河下游金沙萨至马塔迪之间 300 多千米的下游河段上有 32 个瀑布和急流，总落差 250 米，水能资源集中，占刚果河技术可开发装机容量的四分之三，是世界上水电资源最富集的地区，适宜开发超大型水电站。结合河段综合开发条件和关键影响因素，宜以英加河段开发为中心，协调上下游梯级方案，考虑将刚果河下游分为三个河段，分别为金沙萨至皮奥卡河段、皮奥卡至英加河段、英加至马塔迪河段，三级统筹协调开发容量。刚果河下游河段纵剖面示意如图 4-8 所示。

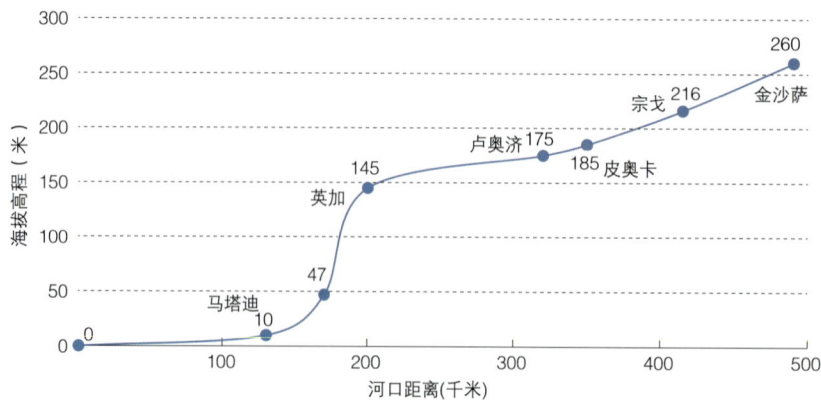

图 4-8 刚果河下游河段纵剖面示意图

　　根据河段规划研究和梯级模拟运行，刚果河下游三级电站水库水位相衔接，发电引用流量相匹配，总装机容量约 1.1 亿千瓦，年均发电量 6900 亿千瓦时，利用小时数约 6200 小时。总装机容量和总年均发电量分别相当于 5 个、7 个中国长江三峡电站，将成为非洲最大的清洁能源基地。刚果河下游梯级水电工程基本情况见表 4-2。

表 4-2　刚果河下游梯级水电工程基本情况

项目	梯级电站名称		
	皮奥卡水电站	大英加水电站	马塔迪水电站
建设地点	刚果（金）与刚果（布）边界皮奥卡地区	刚果（金）境内的英加地区	刚果（金）境内马塔迪市附近
开发方式	坝式	混合式	坝式
调节性能	日调节	日调节	径流式
装机容量	3500 万千瓦	6000 万千瓦	1500 万千瓦
年发电量	2212 亿千瓦时	3722 亿千瓦时	916 亿千瓦时
利用小时数	6320	6200	6110
水量利用率	99.4%	99.2%	99.7%
前期进展	研究阶段	建成英加 1、2 期共 178 万千瓦	研究阶段
预计建成时间	2050 年前	2050 年前	2060 年前

　　刚果河水电基地装机规模巨大，刚果（金）、刚果（布）本地消纳能力有限，需要统筹协调，扩大消纳市场，在更大范围优化配置。其中，干流上游及支流水电开发规模适中、开发成本较高、与矿区距离较近，电力宜就近消纳，主要满足周边 300 ～ 500 千米内用电需要；下游水电集中式大规模开发，规模优势明显，在满足流域内国家需求的基础上，通过超 / 特高压直流输电通道在整个非洲大陆优化配置。

2　尼罗河水电基地

尼罗河水电基地位于东部非洲埃塞俄比亚、苏丹、乌干达、南苏丹等国,重点开发青尼罗河、白尼罗河和阿特巴拉河,目前开发比例约15%。2035、2050年,尼罗河水电基地装机容量分别为3000万、4800万千瓦,2050年流域水电开发比例为80%,定位为主要在东部非洲区域内消纳,同时跨区与北部、南部非洲多能互补、丰枯互济。

3　赞比西河水电基地

赞比西河水电基地位于南部非洲赞比亚、津巴布韦、莫桑比克等国,重点开发维多利亚瀑布以下的中、下游河段及卡富埃支流,目前开发比例约33%。2035、2050年,赞比西河水电基地装机容量分别为1000万、1500万千瓦,2050年流域水电开发比例超过90%,定位为主要在南部非洲区域内消纳,并跨区与尼罗河水电互补互济。

4　尼日尔河水电基地

尼日尔河水电基地位于西部非洲尼日利亚、尼日尔、马里、几内亚等国,重点开发干流、支流贝努埃河和卡杜拉河,目前开发程度约10%。2035、2050年,尼日尔河水电基地装机容量分别为1000万、1600万千瓦,2050年流域水电开发比例为80%,定位为主要在西部非洲区域内消纳,与区内太阳能电力互补互济。非洲四大流域水电基地装机情况如表4-3所示。

表4-3　非洲四大流域水电基地装机情况

河流	技术可开发装机容量 (万千瓦)	已开发比例(%)	2035年装机容量 (万千瓦)	2050年装机容量 (万千瓦)
刚果河	15000	2	4000	11500
尼罗河	6000	15	3000	4800
赞比西河	1600	33	1000	1500
尼日尔河	2000	10	1000	1600
合计	24600	8	9000	19400

　　除以上四大流域水电基地外，非洲水电技术可开发量超过 200 万千瓦的河流主要有中部非洲萨纳加河、奥果韦河，南部非洲宽扎河、西非沃尔特河和东非鲁菲吉河等。结合各区域实际，可在上述流域建设水电基地，装机情况如表 4-4 所示。2035、2050 年，装机容量分别为 1800 万、2700 万千瓦。

表 4-4　非洲其他水电基地装机情况

河流	主要流经国家	技术可装机容量（万千瓦）	已开发比例（%）	2035 年装机容量（万千瓦）	2050 年装机容量（万千瓦）
萨纳加河	喀麦隆	1200	6	800	1000
奥果韦河	加蓬	600	6	300	500
宽扎河	安哥拉	700	36	300	600
沃尔特河	加纳	<500	35	250	300
鲁菲吉河	坦桑尼亚	<500	16	150	300

4.2.2　风电基地

　　综合考虑资源特性和开发条件，非洲北部的撒哈拉沙漠及周边、南部的大西洋沿岸和东部非洲的部分内陆地区适宜基地式开发风电。2050 年前，重点开发 12 个大型风电基地，总装机容量约 5200 万千瓦。

1　北部非洲风电基地

　　北部非洲重点建设 5 个大型风电基地，分布于摩洛哥西部、阿尔及利亚西北部、突尼斯东部、利比亚西北部和埃及北部沿岸，如图 4-9 所示。拟选址的风电基地年均风速 7～9 米 / 秒，总技术可开发装机容量约 1.1 亿千瓦，2035 年前装机容量 1000 万千瓦，2050 年前总装机容量 2000 万千瓦，具体装机方案见表 4-5。在满足北部非洲区内电能需要的基础上，可与北非太阳能基地联合送电欧洲，平抑清洁能源基地出力波动性，提高跨地中海直流通道利用效率。

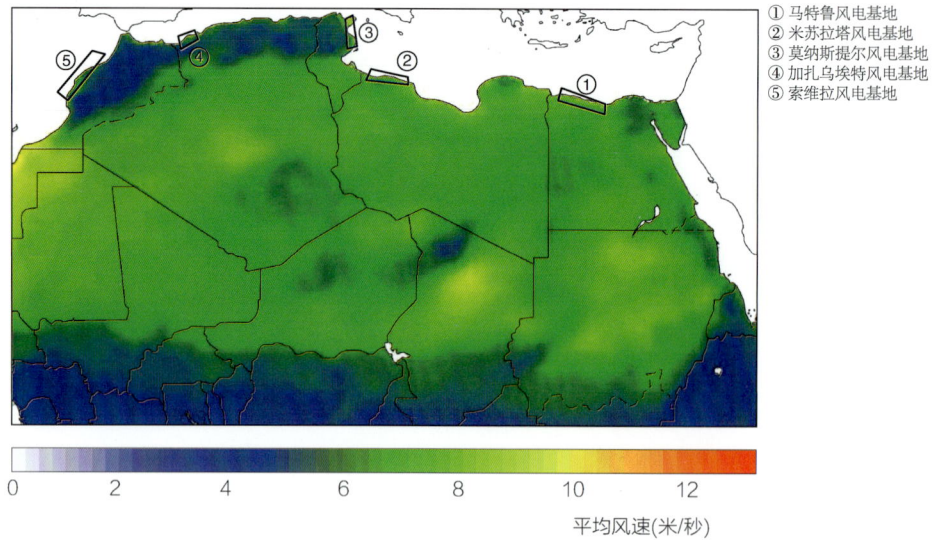

① 马特鲁风电基地
② 米苏拉塔风电基地
③ 莫纳斯提尔风电基地
④ 加扎乌埃特风电基地
⑤ 索维拉风电基地

平均风速(米/秒)

图 4-9   北部非洲大型风电基地布局示意图

表 4-5   北部非洲大型风电基地装机情况

单位：万千瓦

序号	基地选址	所属国家	可开发装机容量	2035 年前装机容量	2050 年前装机容量
1	马特鲁	埃及	2500	500	900
2	米苏拉塔	利比亚	2800	100	200
3	莫纳斯提尔	突尼斯	800	100	200
4	加扎乌埃特	阿尔及利亚	2800	150	300
5	索维拉	摩洛哥	2000	150	400
	合计		10900	1000	2000

2 东部非洲风电基地

东部非洲重点建设 4 个大型风电基地，分布在苏丹北部、埃塞俄比亚东部和肯尼亚北部，如图 4-10 所示。拟选址的风电基地年均风速 7 ~ 9 米 / 秒，总技术可开发装机容量约 5700 万千瓦，2035 年前装机容量 400 万千瓦，2050 年前总装机容量 1500 万千瓦，具体装机方案见表 4-6。

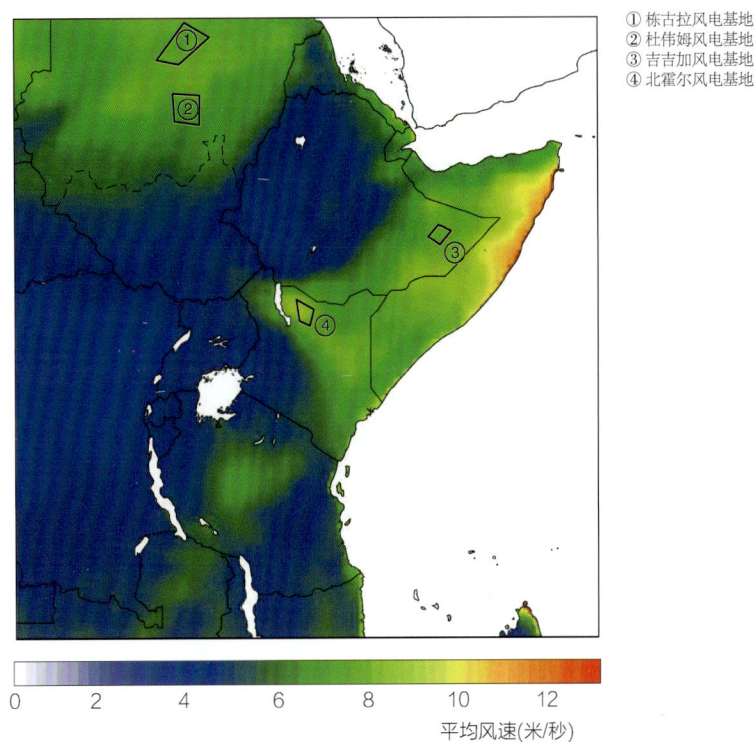

① 栋古拉风电基地
② 杜伟姆风电基地
③ 吉吉加风电基地
④ 北霍尔风电基地

平均风速(米/秒)

图 4-10　东部非洲大型风电基地布局示意图

表 4-6　东部非洲大型风电基地装机情况

单位：万千瓦

序号	基地选址	所属国家	可开发装机容量	2035 年前装机容量	2050 年前装机容量
1	栋古拉	苏丹	2000	80	300
2	杜伟姆	苏丹	1500	80	300
3	吉吉加	埃塞俄比亚	1000	120	500
4	北霍尔	肯尼亚	1200	120	400
	合计		5700	400	1500

3　南部非洲风电基地

　　南部非洲重点建设3个大型风电基地,分布在纳米比亚中西部、南非南部和博茨瓦纳东北部,如图 4-11 所示。拟选址的风电基地年均风速 7 ~ 9 米 / 秒,总技术可开发装机容量约 5600 万千瓦,2035 年前装机容量 700 万千瓦,2050 年前总装机容量 1700 万千瓦,具体装机方案见表 4-7。

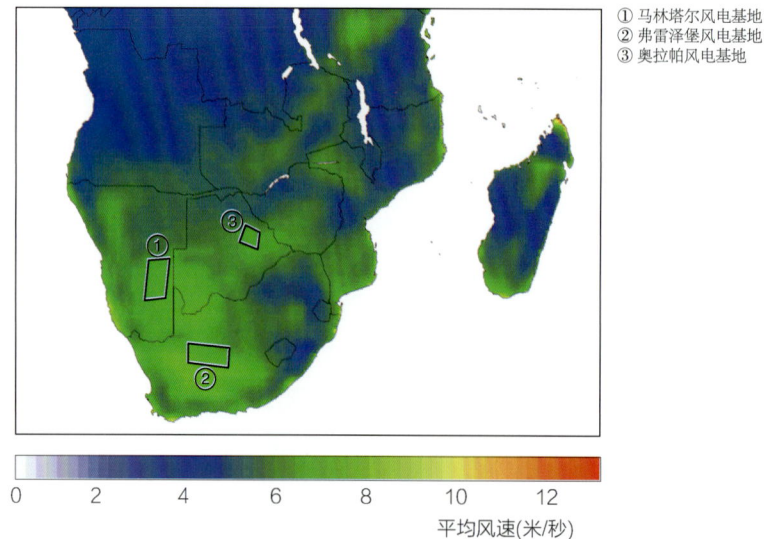

① 马林塔尔风电基地
② 弗雷泽堡风电基地
③ 奥拉帕风电基地

0　2　4　6　8　10　12

平均风速(米/秒)

图 4-11　南部非洲大型风电基地布局示意图

表 4-7　南部非洲大型风电基地装机情况

单位：万千瓦

序号	基地选址	所属国家	可开发装机容量	2035 年前装机容量	2050 年前装机容量
1	马林塔尔	纳米比亚	1200	100	400
2	弗雷泽堡	南非	2600	500	1000
3	奥拉帕	博茨瓦纳	1800	100	300
	合计		5600	700	1700

4.2.3 太阳能基地

综合考虑资源特性和开发条件，非洲中北部的撒哈拉沙漠及周边地区、西部、东部和南部非洲部分地区适宜基地式开发太阳能。2050 年前，重点开发 25 个大型太阳能发电基地，总装机容量约 2.2 亿千瓦。

1 北部非洲太阳能基地

北部重点建设 8 个大型太阳能基地，分布在埃及尼罗河沿岸、利比亚西北部、突尼斯南部、阿尔及利亚东部、摩洛哥南部，如图 4-12 所示。拟选址的太阳能基地总技术可开发量约 2.5 万亿千瓦时，可装机容量约 12 亿千瓦，2035 年前装机容量 5300 万千瓦，2050 年前总装机容量 1.1 亿千瓦，具体装机方案见表 4-8。在满足北部非洲电力需求基础上，可通过跨地中海输电通道向欧洲送电，实现电力出口创汇。

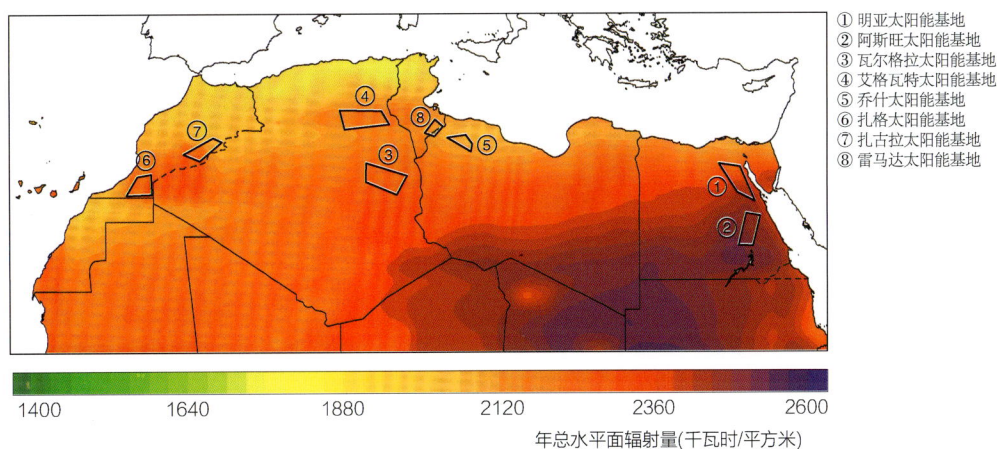

① 明亚太阳能基地
② 阿斯旺太阳能基地
③ 瓦尔格拉太阳能基地
④ 艾格瓦特太阳能基地
⑤ 乔什太阳能基地
⑥ 扎格太阳能基地
⑦ 扎古拉太阳能基地
⑧ 雷马达太阳能基地

年总水平面辐射量(千瓦时/平方米)

图 4-12 北部非洲大型太阳能基地布局示意图

表 4-8 北部非洲大型太阳能基地装机情况

序号	基地选址	所属国家	技术可开发量（亿千瓦时／年）	可开发装机容量（万千瓦）	2035 年前装机容量（万千瓦）	2050 年前装机容量（万千瓦）
1	明亚	埃及	3594	16000	1000	3000
2	阿斯旺	埃及	3042	13000	1000	2000
3	瓦尔格拉	阿尔及利亚	6291	32000	500	1600
4	艾格瓦特	阿尔及利亚	5148	25000	800	1200
5	乔什	利比亚	1966	10000	500	800
6	扎格	摩洛哥	2265	11000	400	800
7	扎古拉	摩洛哥	1647	8000	300	600
8	雷马达	突尼斯	1006	5000	800	1000
	合计		24959	120000	5300	11000

2 西部非洲太阳能基地

西部非洲重点建设 5 个大型太阳能基地，分布在撒哈拉西部和南部尼日尔、马里、尼日利亚、布基纳法索等国，如图 4-13 所示。拟选址的太阳能基地总技术可开发量约 1 万亿千瓦时，可装机容量约 4.8 亿千瓦，2035 年前装机容量 1500 万千瓦，2050 年前总装机容量 3700 万千瓦，具体装机方案见表 4-9。

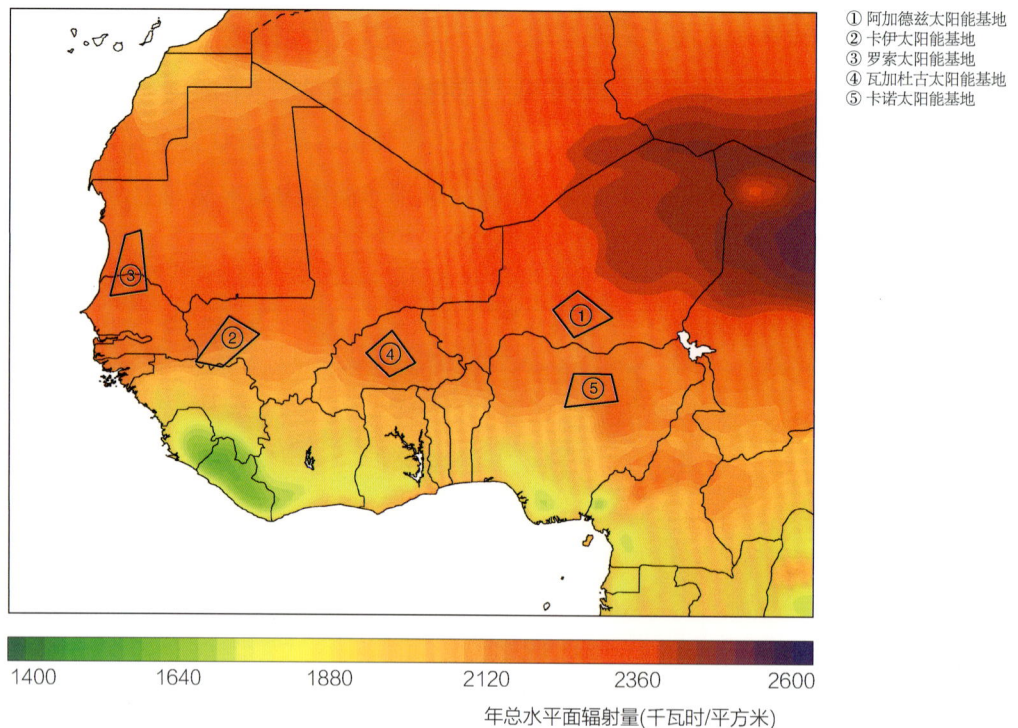

① 阿加德兹太阳能基地
② 卡伊太阳能基地
③ 罗索太阳能基地
④ 瓦加杜古太阳能基地
⑤ 卡诺太阳能基地

年总水平面辐射量(千瓦时/平方米)

图 4-13　西部非洲大型太阳能基地布局示意图

表 4-9　西部非洲大型太阳能基地装机情况

序号	基地选址	所属国家	技术可开发量（亿千瓦时/年）	可开发装机容量（万千瓦）	2035 年前装机容量（万千瓦）	2050 年前装机容量（万千瓦）
1	阿加德兹	尼日尔	2414	12000	250	600
2	卡伊	马里	2012	10000	200	600
3	罗索	毛里塔尼亚	2213	11000	150	500
4	瓦加杜古	布基纳法索	1408	7000	200	400
5	卡诺	尼日利亚	1610	8000	700	1600
	合计		9657	48000	1500	3700

3 东部非洲太阳能基地

东部非洲重点建设 4 个大型太阳能基地，位于苏丹北部、埃塞俄比亚东部和肯尼亚北部地区，如图 4-14 所示。拟选址的太阳能基地总技术可开发量约 1.7 万亿千瓦时，可装机容量约 8.4 亿千瓦，2035 年前装机容量 800 万千瓦，2050 年前总装机容量 3300 万千瓦，具体装机方案见表 4-10。

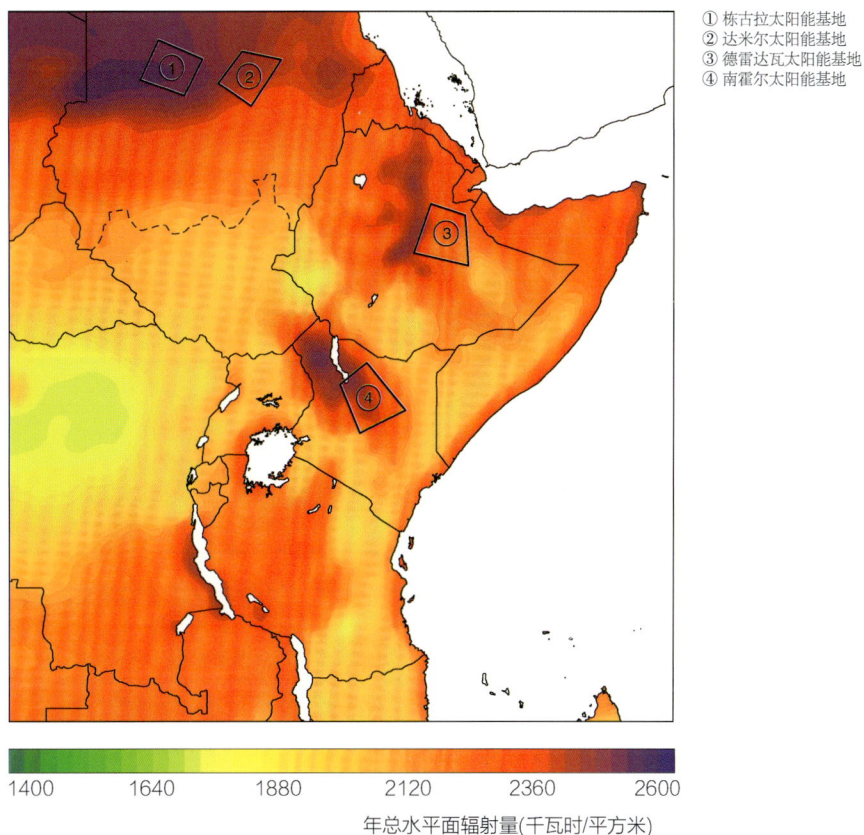

① 栋古拉太阳能基地
② 达米尔太阳能基地
③ 德雷达瓦太阳能基地
④ 南霍尔太阳能基地

| 1400 | 1640 | 1880 | 2120 | 2360 | 2600 |

年总水平面辐射量(千瓦时/平方米)

图 4-14　东部非洲大型太阳能基地布局示意图

表 4-10　东部非洲大型太阳能基地装机情况

序号	基地选址	所属国家	技术可开发量 （亿千瓦时／年）	可开发装机容量 （万千瓦）	2035 年前装机容量 （万千瓦）	2050 年前装机容量 （万千瓦）
1	栋古拉	苏丹	5765	28000	200	700
2	达米尔	苏丹	5354	26000	200	600
3	德雷达瓦	埃塞俄比亚	3706	18000	200	1200
4	南霍尔	肯尼亚	2471	12000	200	800
	合计		17296	84000	800	3300

4 南部非洲太阳能基地

南部非洲重点建设4个大型太阳能基地,分布在纳米比亚、博茨瓦纳、南非和安哥拉,如图4-15所示。拟选址的太阳能基地总技术可开发量约7200亿千瓦时,可装机容量约3.6亿千瓦,2035年前装机容量1800万千瓦,2050年前总装机容量4300万千瓦,具体装机方案见表4-11。

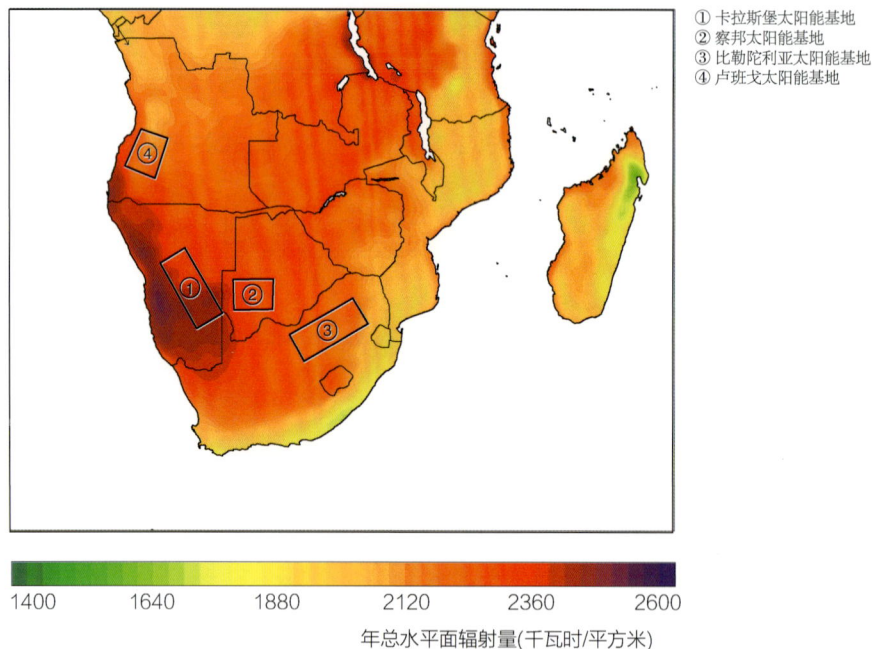

① 卡拉斯堡太阳能基地
② 察邦太阳能基地
③ 比勒陀利亚太阳能基地
④ 卢班戈太阳能基地

| 1400 | 1640 | 1880 | 2120 | 2360 | 2600 |

年总水平面辐射量(千瓦时/平方米)

图 4-15　南部非洲大型太阳能基地布局示意图

表 4-11　南部非洲大型太阳能基地装机情况

序号	基地选址	所属国家	技术可开发量（亿千瓦时/年）	可开发装机容量（万千瓦）	2035年前装机容量（万千瓦）	2050年前装机容量（万千瓦）
1	卡拉斯堡	纳米比亚	1408	7000	400	1500
2	察邦	博茨瓦纳	1006	5000	200	450
3	比勒陀利亚	南非	3219	16000	1000	2000
4	卢班戈	安哥拉	1610	8000	200	350
	合计		7243	36000	1800	4300

5
电网互联

根据非洲清洁能源资源禀赋和空间分布，参考各国能源电力发展规划，统筹清洁能源与电网发展，加快各国和区域电网新建和升级；依托特高压交直流等先进输电技术，加强跨洲跨区跨国电网互联，形成覆盖清洁能源基地和负荷中心的坚强网架，全面提升电网的资源配置能力，支撑清洁能源大规模、远距离输送以及大范围消纳和互补互济，保障电力可靠供应，满足非洲各国经济社会可持续发展的电力需求。

5.1　电力流

统筹考虑电源发展、电力需求分布和清洁能源开发布局，非洲各区域发展定位如图5-1所示。

西部非洲和南部非洲矿产资源丰富，实施"电－矿－冶－工－贸"联动发展模式，电能需求将快速增长。目前化石能源电源占比较高，各国重视清洁化转型，本地清洁能源资源有限且波动性较强、难以保障工矿业负荷可靠供电，未来将成为非洲主要电力受入中心。

中部非洲和北部非洲清洁能源资源丰富，通过大规模、集中式开发刚果河、萨纳加河水电及北非太阳能、风电，将成为非洲清洁能源基地。

东部非洲先期通过尼罗河水电、东非大裂谷地热能开发满足区内及周边用电需求，远期随着人口增加和制造业发展，也将成为电力受入中心。

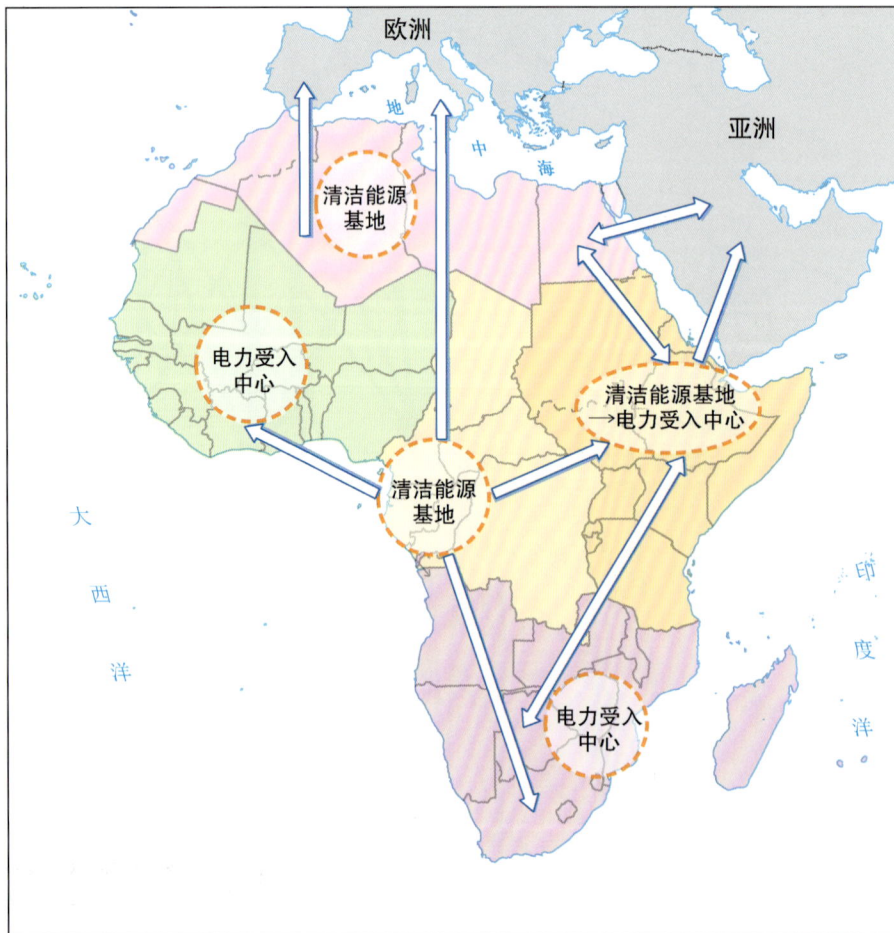

图 5-1　非洲各区域发展定位示意图

未来非洲电力流总体呈"洲内中部送电南北、洲外与欧亚互济"格局。

2035 年, 跨洲跨区电力流规模 6700 万千瓦,其中跨洲电力流 3000 万千瓦,跨区电力流 3700 万千瓦。

跨洲: 北部非洲太阳能、风电基地送电欧洲 2300 万千瓦,其中摩洛哥送电葡萄牙 300 万千瓦、埃及送电土耳其 400 万千瓦、突尼斯送电意大利 800 万千瓦、阿尔及利亚送电法国 800 万千瓦;埃及从沙特阿拉伯受入 300 万千瓦;东部非洲尼罗河水电基地送电沙特阿拉伯 400 万千瓦,非洲与亚洲之间实现多能互补。

跨区: 中部非洲外送电力 2900 万千瓦,其中刚果河水电基地送电西部非洲几内亚 800 万千瓦、加纳 800 万千瓦、尼日利亚 400 万千瓦,送电南部非洲安哥拉 200 万千瓦、赞比亚 300 万千瓦,萨纳加河水电基地送电尼日利亚 400 万千瓦;东部非洲与南部非洲电力互联规模 800 万千瓦,实现尼罗河、赞比西河水电丰枯互济。

2035 年非洲跨洲跨区电力流如图 5-2 所示。

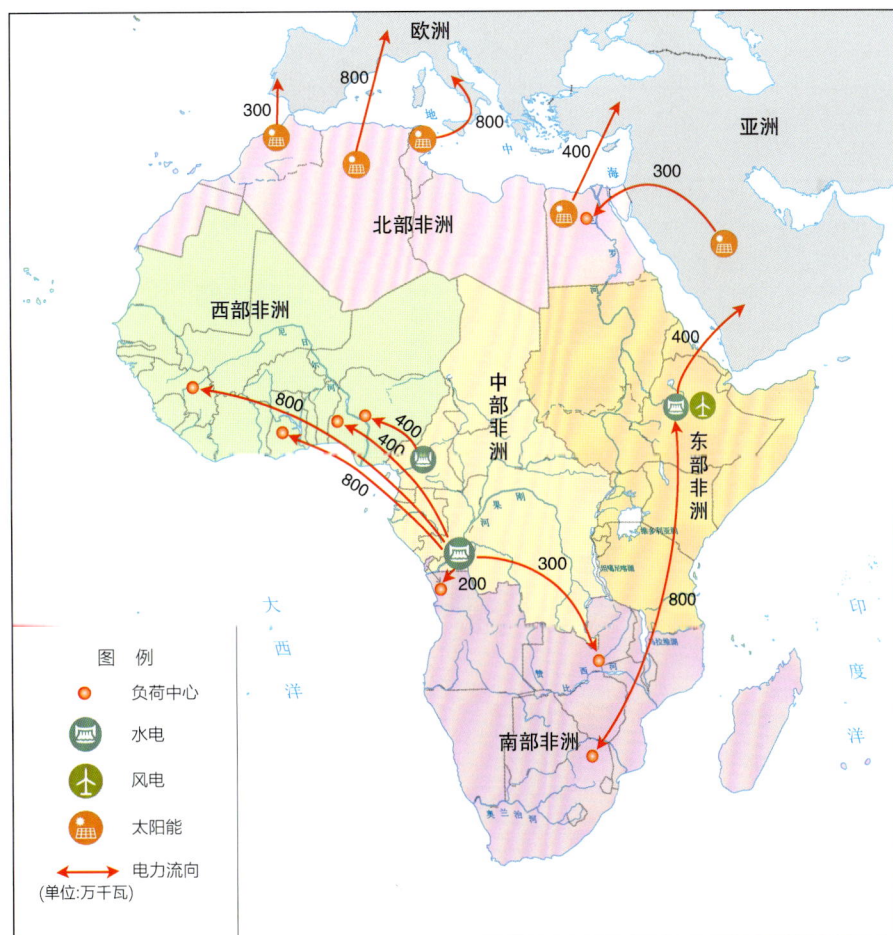

图 5-2　2035 年非洲跨洲跨区电力流示意图

2050 年，跨洲跨区电力流规模 1.41 亿千瓦，其中跨洲电力流 5400 万千瓦，跨区电力流 8700 万千瓦。

跨洲： 北部非洲外送欧洲电力规模增至 4300 万千瓦，新增摩洛哥送电西班牙 400 万千瓦、阿尔及利亚送电法国和德国各 400 万千瓦、埃及送电希腊和意大利各 400 万千瓦；埃及从沙特阿拉伯受电规模增至 700 万千瓦。

跨区： 刚果河水电基地外送规模达 6700 万千瓦，新增送电西部非洲尼日利亚、几内亚各 800 万千瓦，送电南非 800 万千瓦，送电东部非洲埃塞俄比亚 800 万千瓦，送电北部非洲 1000 万千瓦（部分与北非太阳能联合调节后送电欧洲）；东部非洲与北部非洲电力互济 800 万千瓦。

2050 年非洲跨洲跨区电力流如图 5-3 所示。

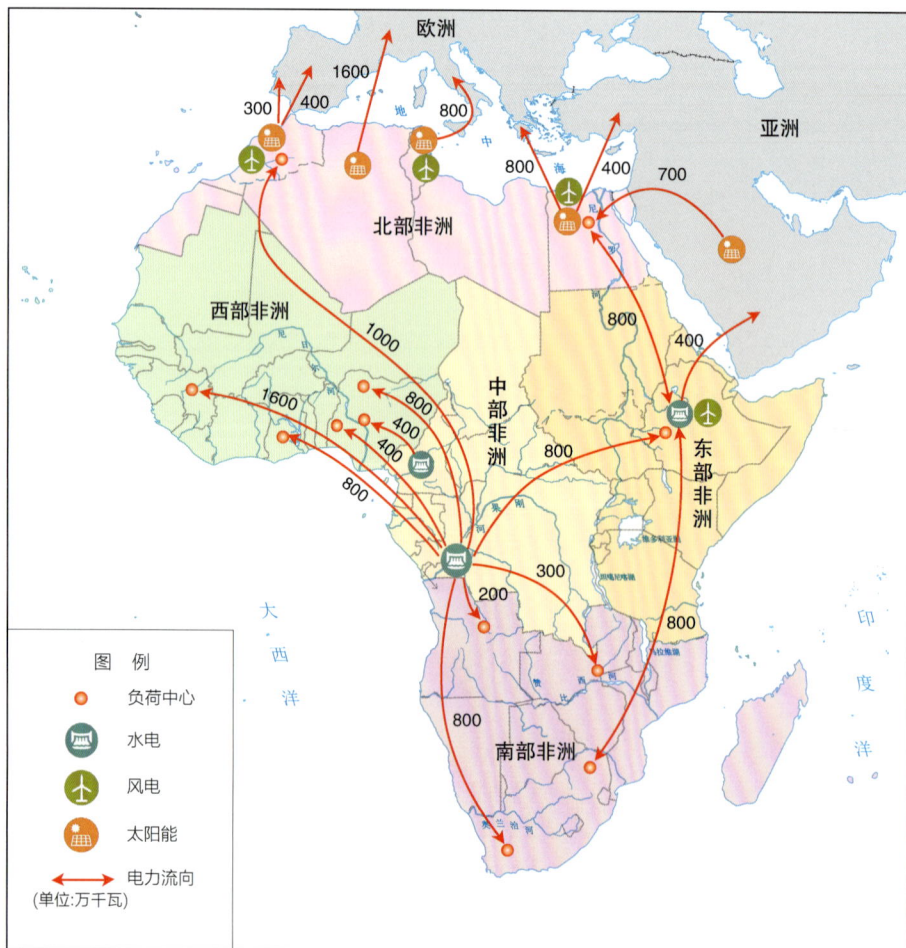

图 5-3 2050 年非洲跨洲跨区电力流示意图

5.2　电网格局

未来，非洲电网发展重点： 一是加强各国电网基础设施建设，通过改造、升级和新建输配电网，扩大电网覆盖范围、提升供电效率和可靠性；二是建设水电、风电、太阳能等大型清洁能源基地输电通道，实现清洁能源与电网协调发展，满足负荷中心电力需求；三是加快洲内及跨洲联网，通过出口清洁电力，将资源优势转化为经济优势，实现清洁能源大范围优化配置。

随着电网升级和互联规模的不断扩大，未来非洲总体形成北部、中西部和东南部 3 个同步电网，同步电网之间通过超 / 特高压直流实现异步联网。

北部非洲同步电网， 在现有格局基础上，电压等级升级至 1000 千伏，建设横贯东西的 1000 千伏交流通道，连接区内大型太阳能、风电基地与负荷中心，并为大规模电力通过直流通道外送欧洲提供支撑，形成连接亚欧非的重要能源配置平台。2050 年北部非洲同步电网用电量达 1.2 万亿千瓦时，最大负荷 2.2 亿千瓦，装机容量 3.7 亿千瓦。

中西部非洲同步电网， 电压等级升级至 765 千伏，建设坚强的 765/400/330 千伏交流骨干网架，支撑区内大规模清洁能源开发、外送与消纳。刚果河水电基地等大型清洁能源基地电力通过超 / 特高压直流直接送电区内主要负荷中心，并跨区向非洲其他区域送电。2050 年中西部非洲同步电网用电量达 1.3 万亿千瓦时，最大负荷 2.3 亿千瓦，装机容量 4.1 亿千瓦。

东南部非洲同步电网， 建设坚强的 765/500/400 千伏交流骨干网架，形成区域清洁能源优化配置平台，实现区内水、风、光、地热等多种清洁能源互补互济，跨区受入刚果河水电，并与北非、西亚异步互联。2050 年东南部非洲同步电网用电量达 1.5 万亿千瓦时，最大负荷 2.7 亿千瓦，装机容量 5.3 亿千瓦。

远期，非洲电网互联总体格局如图 5-4 所示。❶

到 2035 年， 非洲能源互联网初具雏形，在各国及区域电网不断加强的基础上，总体形成"一横两纵"骨干网架，跨洲亚欧非实现联网。

洲内： 建设刚果（金）—几内亚、刚果（布）—加纳、埃塞俄比亚—南非、喀麦隆—尼日利亚等直流工程，分别将刚果河、尼罗河和萨纳加河水电送至西部、南部非洲负荷中心。

跨洲： 建设摩洛哥—葡萄牙、突尼斯—意大利、阿尔及利亚—法国、埃及—土耳其直流工程，将北非太阳能、风电送电欧洲；建设沙特阿拉伯—埃及、埃塞俄比亚—沙特阿拉伯直流工程，实现亚非互联。

2035 年非洲电网跨洲跨区互联情况如图 5-5 所示。

---

❶ 本报告各图中所有输电线路的落点及路径均为示意性展示，不严格代表具体地理位置。

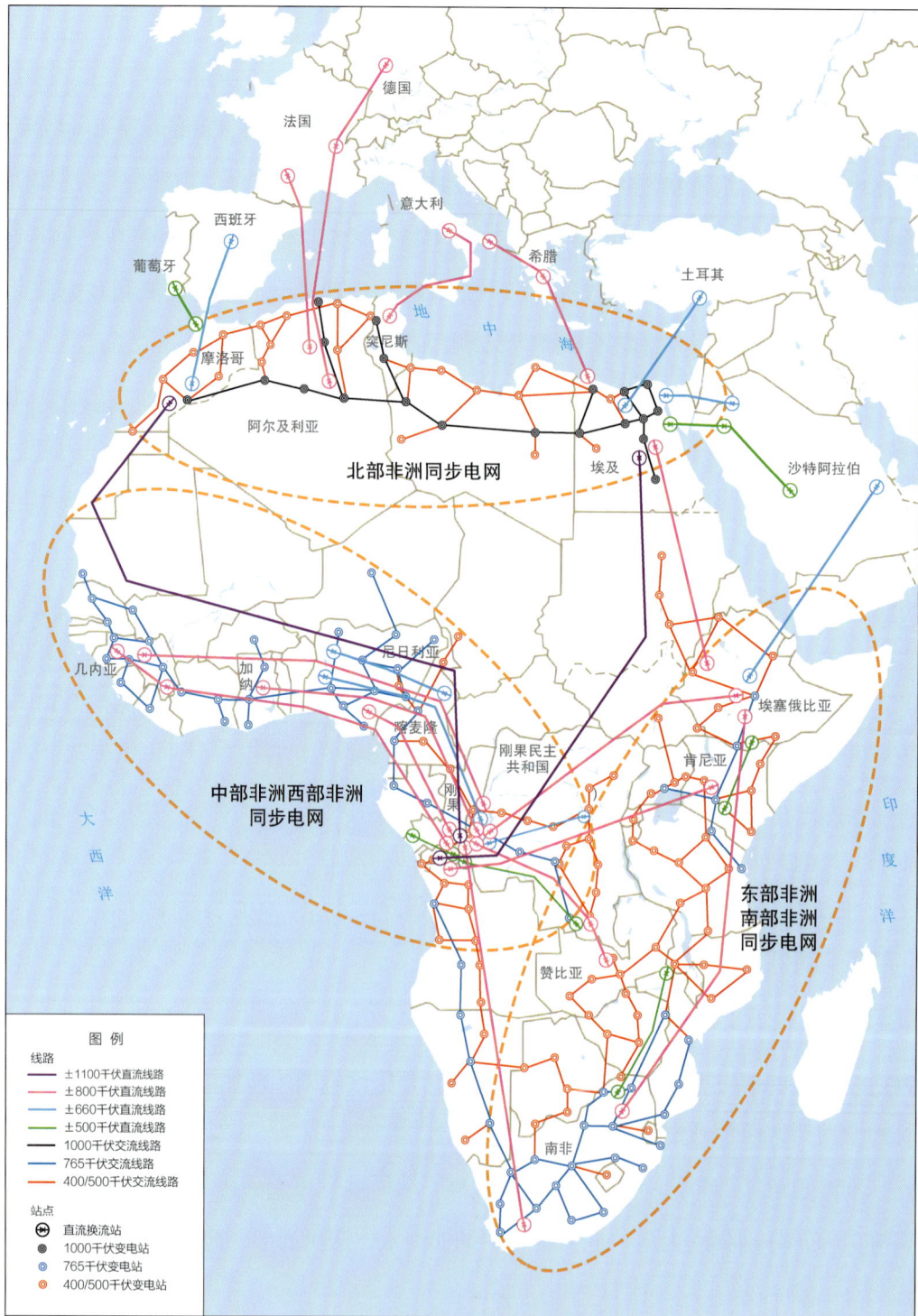

图 5-4　非洲电网互联总体格局示意图

到 2050 年，非洲基本建成坚强能源互联网，形成"两横两纵"骨干网架，跨洲亚欧非联网规模不断扩大。

洲内：进一步加强北非 1000 千伏交流输电通道及其他区域 765/400 千伏交流主网架，

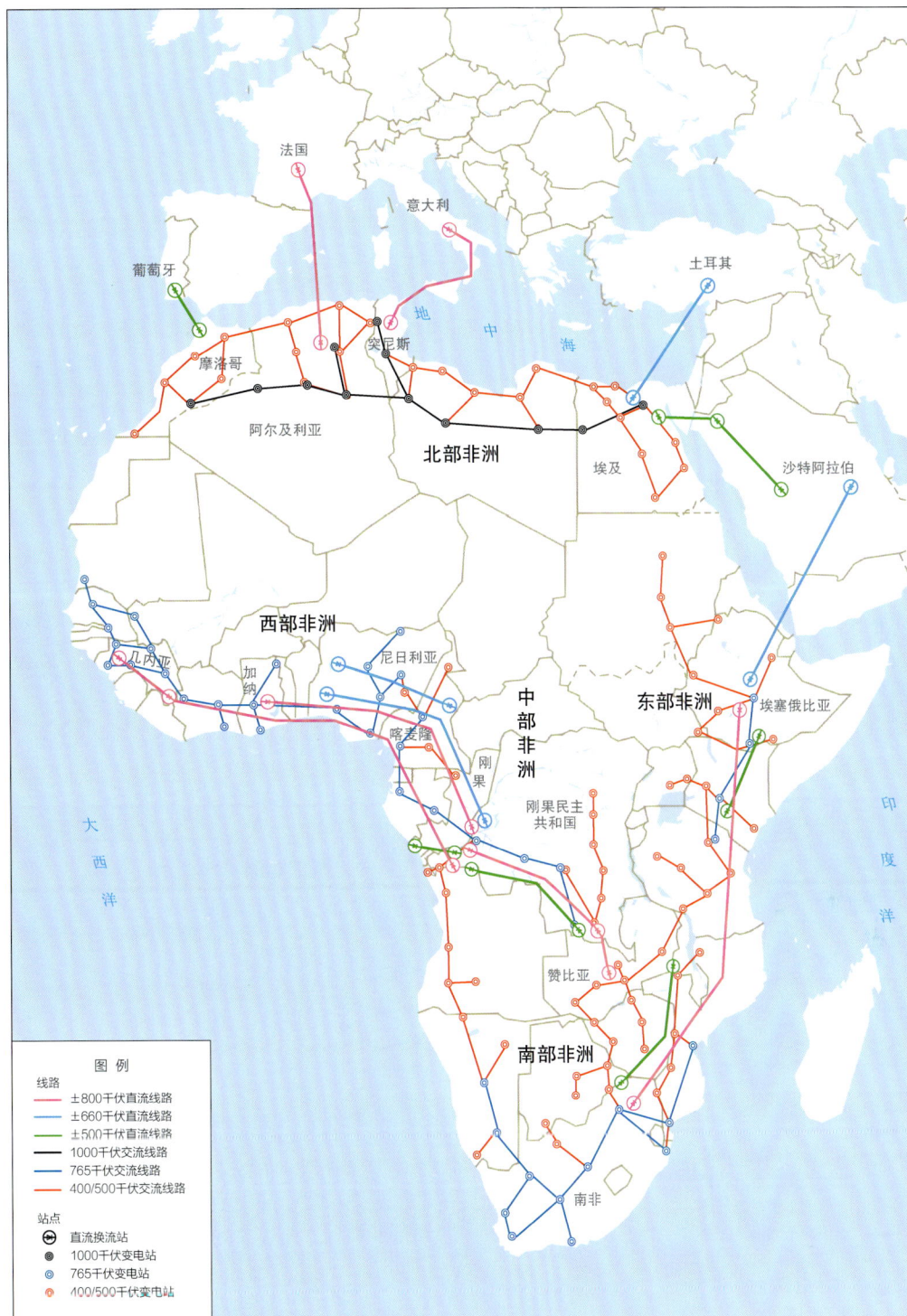

图 5-5　2035 年非洲电网跨洲跨区互联示意图

北部、中西部和东南部 3 个同步电网形成坚强骨干网架，同步电网间直流联网不断加强，建设刚果（金）—南非、刚果（金）—尼日利亚，刚果（金）—摩洛哥、刚果（金）—埃塞俄比亚和埃塞俄比亚—埃及等直流工程。

跨洲：建设摩洛哥—西班牙、阿尔及利亚—法国—德国、埃及—希腊—意大利等直流工程，非洲送电欧洲规模进一步加大。

2050 年非洲电网跨洲跨区互联情况如图 5-6 所示。

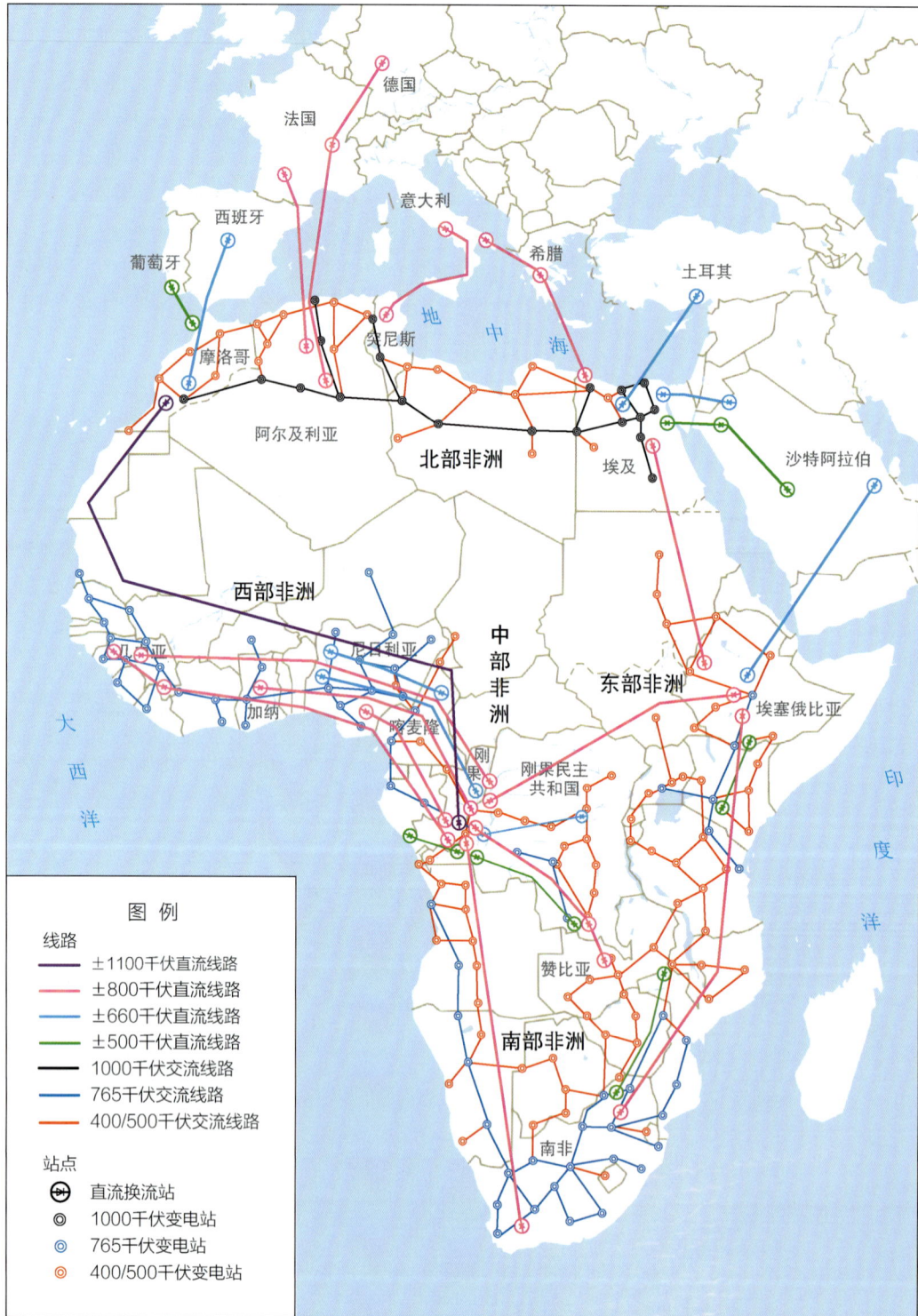

图 5-6　2050 年非洲电网跨洲跨区互联示意图

5.3 区域电网互联

5.3.1 北部非洲

2016 年，北部非洲用电量 2752 亿千瓦时，最大负荷 5812 万千瓦，装机容量 8792 万千瓦。埃及是区域电力需求中心，用电量占比高达 59%。北非已初步建成沿地中海海岸线东西向 400/500 千伏交流联网通道，形成"长链式、弱联系"结构。北非区位优势明显、产业基础较好，通过实施经济多样化发展计划，推行促进就业、提高生产力等相关政策，发展潜力巨大。

未来北部非洲将重点开发区内大型太阳能基地，并在地中海、大西洋和红海开发沿海风电，配合适当规模储能和燃气发电，推动区内各国电力供应清洁低碳化发展。同时，充分利用亚非欧三大洲交汇的地理区位优势，打造区域清洁能源枢纽平台，受入西亚和非洲其他区域清洁能源电力，并跨地中海外送欧洲。

2035 年，北部非洲用电量 7750 亿千瓦时，最大负荷 1.4 亿千瓦，装机容量 2.5 亿千瓦。2035 年北部非洲电网互联情况如图 5-7 所示。

区内 ▶

优先开发扎格、艾格瓦特、雷马达、乔什和明亚等太阳能基地，最高电压等级提升至 1000 千伏，建成横贯东西的单回 1000 千伏交流输电走廊，并向北延伸至突尼斯，连接各国大型太阳能、风电基地，支撑清洁电力汇集送出，形成北非统一交流互联电网；加强各国 400/500 千伏交流主干网架，提高负荷中心网架受电能力，提升高比例清洁能源接入下电网运行安全可靠性。

跨区 ▶

自西向东建设 4 回跨地中海直流输电通道，分别为摩洛哥—葡萄牙 ±500 千伏直流、阿尔及利亚—法国 ±800 千伏直流、突尼斯—意大利 ±800 千伏直流、埃及—土耳其 ±660 千伏直流，北非外送 2300 万千瓦电力至欧洲；建设沙特阿拉伯—埃及 ±500 千伏三端直流，输电容量 300 万千瓦，实现亚非互补互济。

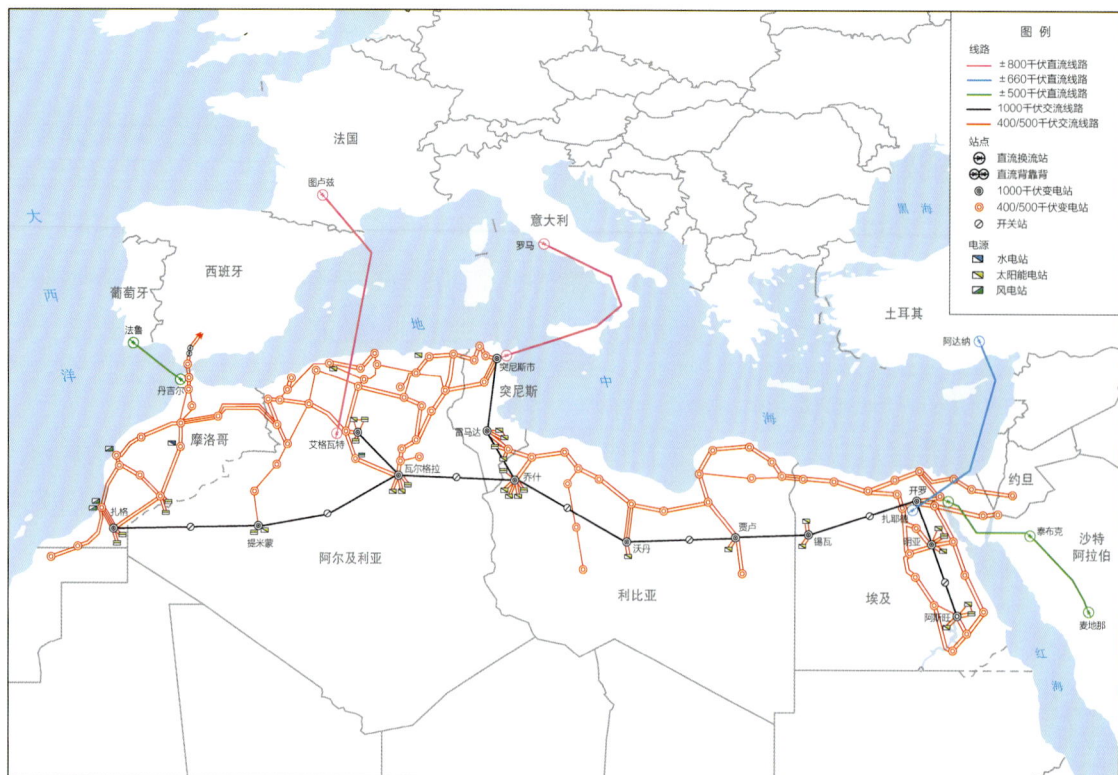

图 5-7　2035 年北部非洲电网互联示意图

2050 年,北部非洲用电量 1.2 万亿千瓦时,最大负荷 2.2 亿千瓦,装机容量 3.7 亿千瓦。2050 年北部非洲电网互联情况如图 5-8 所示。

区内 ▶ 进一步加强各国交流互联,新建 1 回 1000 千伏交流输电走廊,形成北非双回 1000 千伏交流通道,提升大型太阳能、风电基地电力汇集能力,向北延伸至地中海沿岸区域,支撑跨地中海直流通道安全高效运行;埃及建成 1000 千伏骨干输电网架,并围绕开罗及周边负荷中心,形成环网结构,提高负荷中心受电能力和供电可靠性;进一步加强区域 400/500 千伏电网,建成覆盖清洁能源基地和负荷中心的北非坚强交流互联电网。

跨区 ▶ 建设刚果（金）—摩洛哥 ±1100 千伏直流,受入刚果河水电 1000 万千瓦,与北非太阳能电力联合调节送电欧洲;建设埃塞俄比亚—埃及 ±800 千伏直流工程,实现东非、北非互补互济;加大跨地中海输电能力,新增摩洛哥—西班牙 ±660 千伏直流、阿尔及利亚—法国—德国和埃及—希腊—意大利两个 ±800 千伏三端直流输电工程,北非向欧洲输电规模达到 4300 万千瓦;建设埃及—沙特阿拉伯 ±660 千伏直流工程,北非、西亚之间电力交换规模提升至 700 万千瓦。

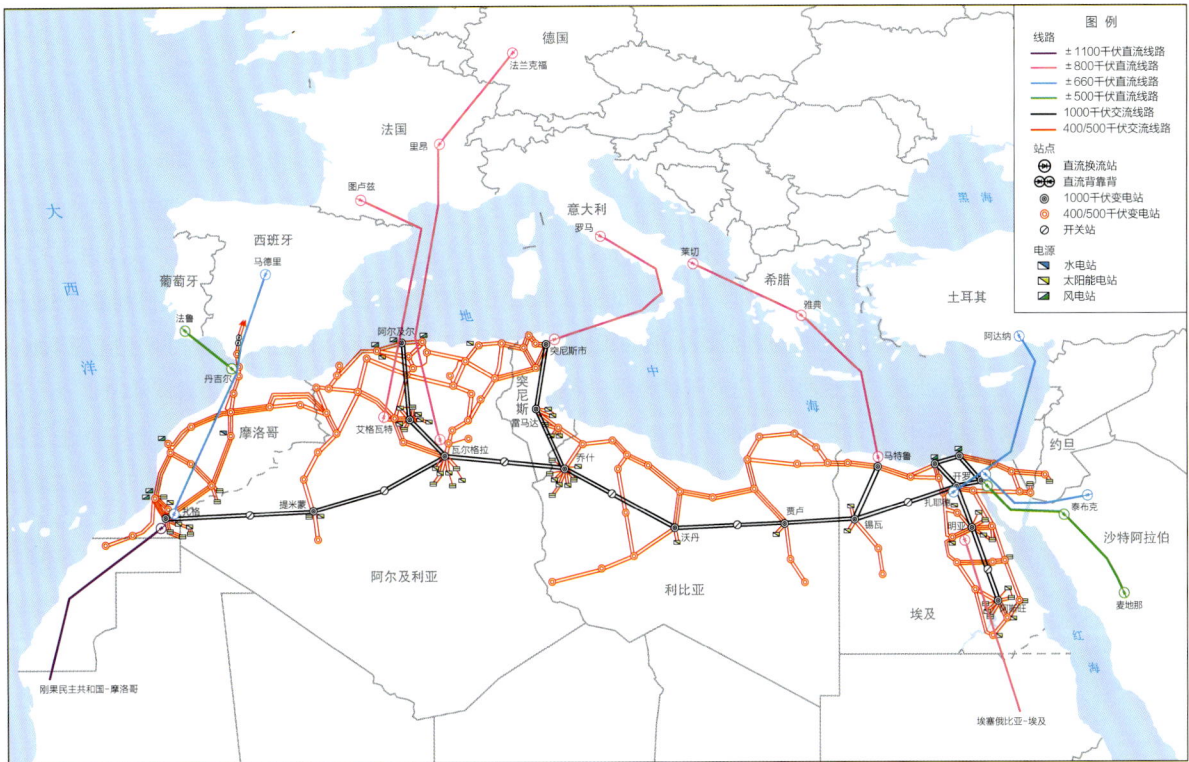

图 5-8　2050 年北部非洲电网互联示意图

5.3.2 西部非洲

2016 年，西部非洲用电量 564 亿千瓦时，最大负荷 1040 万千瓦，装机容量 2263 万千瓦。尼日利亚、加纳是区域电力需求中心，尼日利亚用电量占比 45%、加纳占比 17%。西部非洲跨国电网互联处于起步阶段，初步形成东部单回 330 千伏、西部单回 225 千伏的跨国输电通道，尼日尔、冈比亚、几内亚、几内亚比绍、塞拉利昂和利比里亚等国电力基础薄弱，尚未实现跨国联网。西非矿产资源丰富、人口红利突出、工业化潜力巨大，通过"电 – 矿 – 冶 – 工 – 贸"联动发展，将推动区域工业化、城镇化、电气化进程，促进区域社会经济和能源电力快速发展。

未来西部非洲将优先开发尼日尔河、塞内加尔河、沃尔特河等流域水电，逐步开发尼日利亚、尼日尔、毛里塔尼亚等国大型太阳能基地，通过电源与电网协调发展，夯实各国电力工业基础，扩大电网覆盖范围，减少无电人口，大幅提升供电能力和可靠性；加速西非电网一体化进程，建成西非统一互联电网，支撑清洁电力汇集输送和广域优化配置；跨区受入中部非洲水电，实现水、风、光互补互济，满足"电 – 矿 – 冶 – 工 – 贸"联动发展电力需求。

2035 年，西部非洲用电量 4940 亿千瓦时，最大负荷 8690 万千瓦，装机容量 1.3 亿千瓦。2035 年西部非洲电网互联情况如图 5-9 所示。

区内

基本形成西非统一交流互联电网，形成横贯东西的 765 千伏主干交流输电通道，以加纳—科特迪瓦断面为界，建成东部 765/330 千伏电网和西部 765/225 千伏电网。东部形成"一横三纵"765 千伏电网，依托蒙贝拉水电站和卡诺太阳能基地开发，建成尼日利亚 765 千伏主干网架，延伸连接尼日尔、多哥和加纳，加强 330 千伏电网，覆盖主要负荷中心和电源基地；西部形成"三横两纵"765 千伏电网，依托几内亚氧化铝、电解铝产业发展，建成几内亚 765 千伏环网，向北延伸连接马里、塞内加尔、毛里塔尼亚太阳能基地，加强其他各国 225 千伏主干网架建设，重点建设北部沿塞内加尔河和南部沿海 225 千伏跨国互联通道，并纵向延伸，形成覆盖各国的多环网结构，连接太阳能基地、主要流域中小型水电群和负荷中心。

跨区

建设喀麦隆—尼日利亚、刚果（布）—尼日利亚两回 ±660 千伏直流，尼日利亚受入萨纳加河、刚果河水电共 800 万千瓦；建设刚果（金）—几内亚 ±800 千伏三端直流工程和刚果（布）—加纳 ±800 千伏直流工程，受入刚果河水电 1600 万千瓦，满足工矿业发展电能需要；建设尼日利亚—喀麦隆 2 回 400 千伏交流线路，与中部非洲实现电力互送互换。

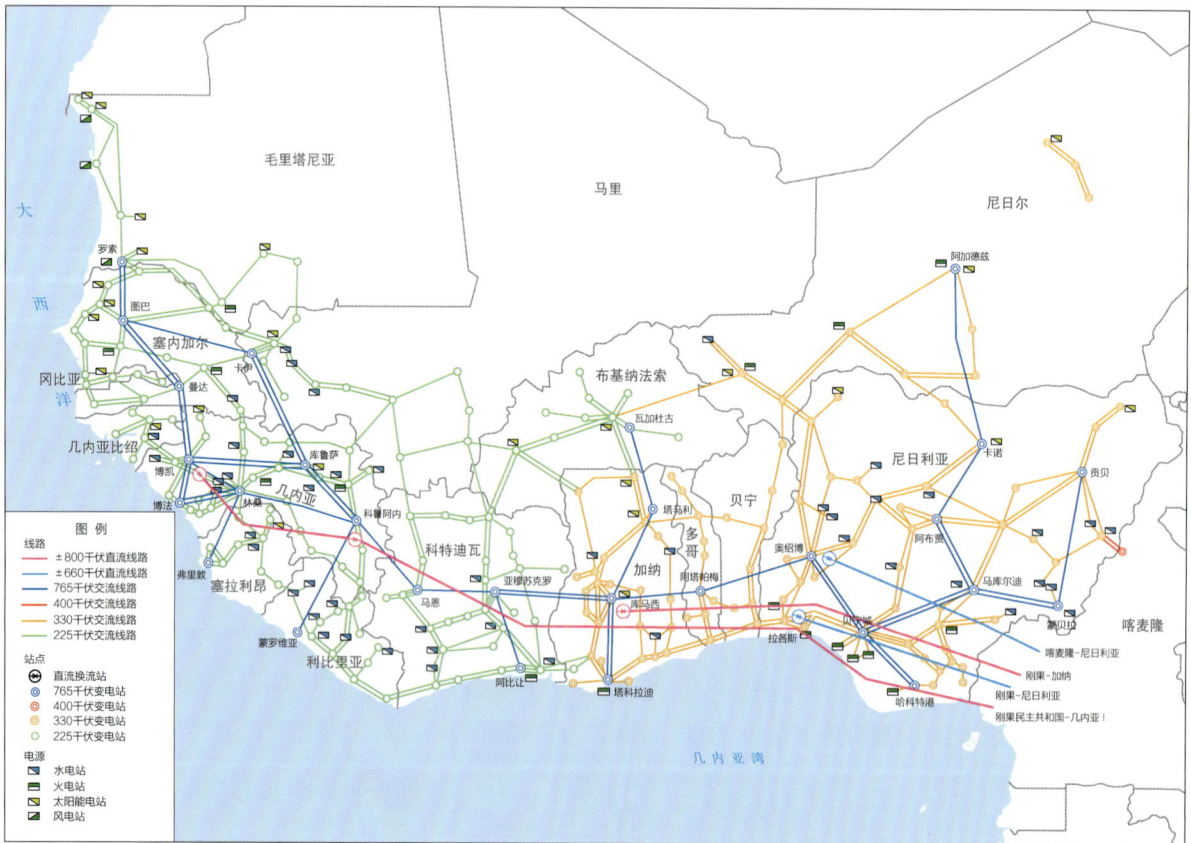

图 5-9　2035 年西部非洲电网互联示意图

2050 年，西部非洲用电量 9910 亿千瓦时，最大负荷 1.7 亿千瓦，装机容量 2.5 亿千瓦。2050 年西部非洲电网互联情况如图 5-10 所示。

区内 ▶ 全面建成西非统一坚强电网，广泛互联大型清洁能源基地和负荷中心，实现区内及跨区能源资源安全、可靠、经济、高效大范围优化配置。建成东部坚强的 765/330 千伏和西部 765/225 千伏骨干网架，加强东部"一横三纵"和西部"三横两纵"765 千伏骨干网架至双回，加强东部 330 千伏和西部 225 千伏主干网架至多环网、多回路结构，各级电网有效衔接、协调发展，连接各大清洁能源基地，覆盖矿业工业园区、首都经济圈和沿海经济带等负荷中心，实现清洁、可靠、经济的能源电力供应。

跨区 ▶ 新增 1 回刚果（金）一尼日利亚 ±800 千伏直流，输电容量 800 万千瓦，满足尼日利亚等西非东部国家远期工业化发展电力需求；建设刚果（金）一几内亚 ±800 千伏直流工程二期，受入刚果河下游水电 800 万千瓦，支撑几内亚铝、钢铁等工业扩大生产规模。

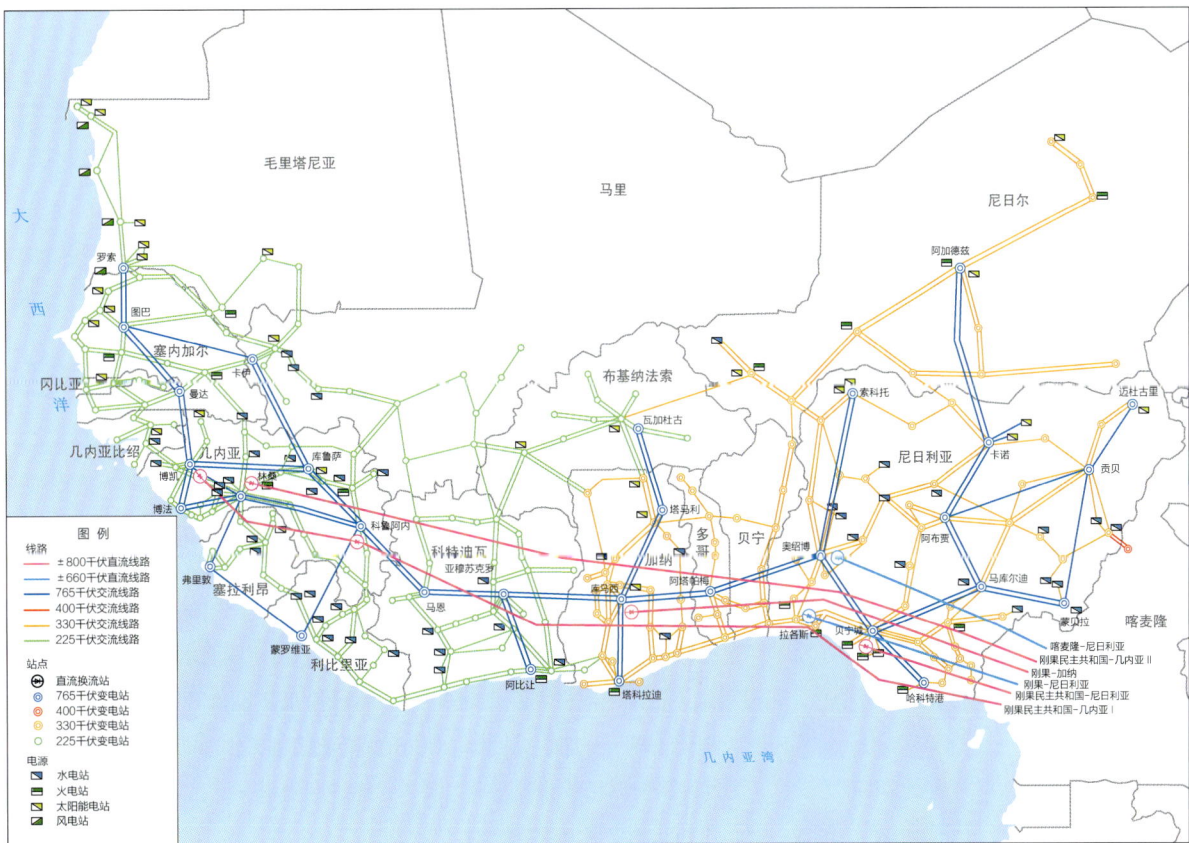

图 5-10　2050 年西部非洲电网互联示意图

5.3.3 中部非洲

2016 年，中部非洲用电量 181 亿千瓦时，最大负荷 311 万千瓦，装机容量 590 万千瓦。刚果（金）和喀麦隆是整个区域主要的电力负荷中心，两国用电需求占比 80%。中部非洲各国电网基础设施薄弱，电网设施老化严重，供电可靠性较差，大多数国家未实现全国联网。除加蓬电力普及率近 90% 外，其余国家尚存大量无电人口。跨国联网处于起步阶段，区内仅有刚果（布）—刚果（金）1 回 220 千伏交流线路。中部非洲政治、社会环境趋于稳定，矿产、森林资源丰富，区位优势明显，人口红利突出且增长快速，经济发展潜力很大，将带动能源电力需求高速增长。

未来中部非洲发展重点是统筹区内水电开发与跨区电力外送，协调推进区内电网建设升级与跨区电力互联，优先满足区内工业化发展和居民生活用电需求，为重点工业园区等负荷中心提供充足、稳定、清洁、经济的电力保障，同时全面提升电力普及率。富余电力通过特高压、超高压输电通道大规模外送至非洲各大负荷中心，开拓更大范围的电力消纳空间。

2035 年，中部非洲用电量 1541 亿千瓦时，最大负荷 2670 万千瓦，装机容量 6692 万千瓦。2035 年中部非洲电网互联情况如图 5-11 所示。

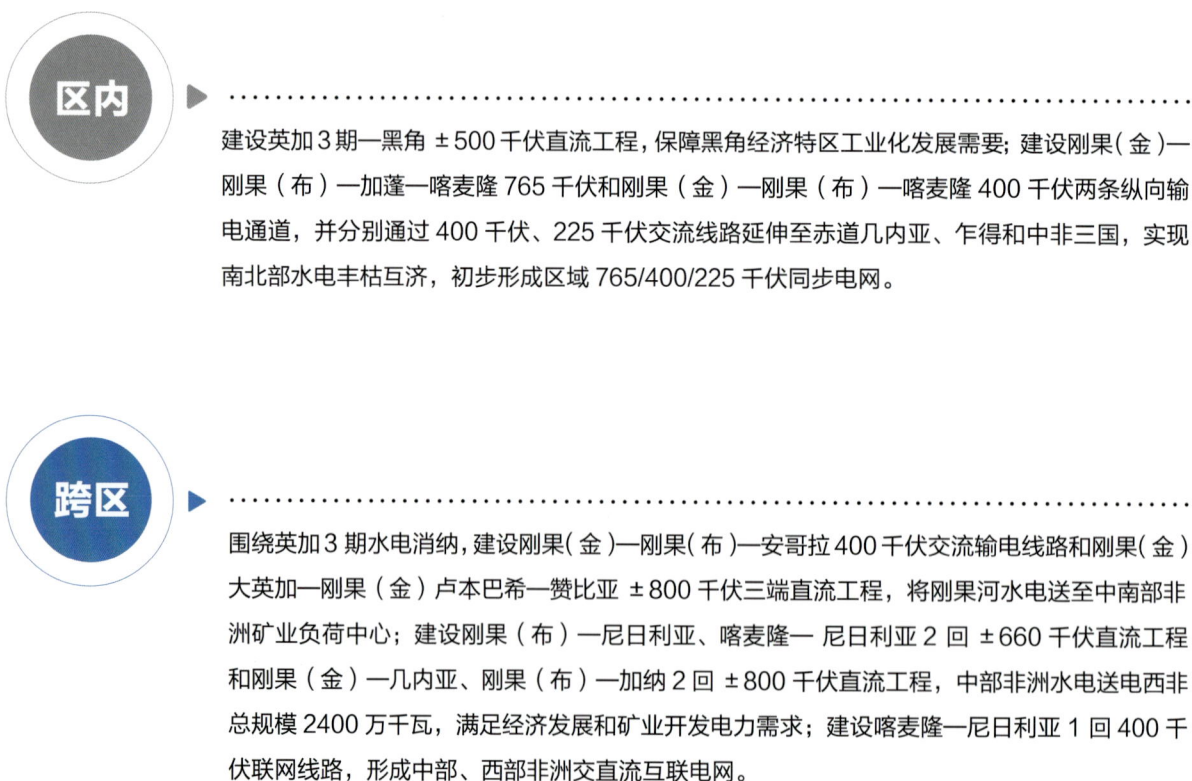

区内 ▶

建设英加 3 期—黑角 ±500 千伏直流工程，保障黑角经济特区工业化发展需要；建设刚果（金）—刚果（布）—加蓬—喀麦隆 765 千伏和刚果（金）—刚果（布）—喀麦隆 400 千伏两条纵向输电通道，并分别通过 400 千伏、225 千伏交流线路延伸至赤道几内亚、乍得和中非三国，实现南北部水电丰枯互济，初步形成区域 765/400/225 千伏同步电网。

跨区 ▶

围绕英加 3 期水电消纳，建设刚果（金）—刚果（布）—安哥拉 400 千伏交流输电线路和刚果（金）大英加—刚果（金）卢本巴希—赞比亚 ±800 千伏三端直流工程，将刚果河水电送至中南部非洲矿业负荷中心；建设刚果（布）—尼日利亚、喀麦隆— 尼日利亚 2 回 ±660 千伏直流工程和刚果（金）—几内亚、刚果（布）—加纳 2 回 ±800 千伏直流工程，中部非洲水电送电西非总规模 2400 万千瓦，满足经济发展和矿业开发电力需求；建设喀麦隆—尼日利亚 1 回 400 千伏联网线路，形成中部、西部非洲交直流互联电网。

图 5-11 2035 年中部非洲电网互联示意图 **❶**

2050 年，中部非洲用电量达 3410 亿千瓦时，最大负荷 6150 万千瓦，装机容量 1.6 亿千瓦。2050 年中部非洲电网互联情况如图 5-12 所示。

区内 ▶ ....

765 千伏纵向输电通道加强为 2 回，喀麦隆—乍得联网电压等级提升至 400 千伏；各国 400/225 千伏主网架得到全面加强，进一步提升电网覆盖范围；围绕刚果河下游、刚果（金）加丹加省矿区、喀麦隆南部等区内负荷中心局部形成环网，提升供电可靠性。

---

❶ 为方便表述和区分，图中刚果、刚果民主共和国在文中分别称为刚果（布）、刚果（金）。

跨区 ▶ ···

新建刚果（金）—南非 ±800 千伏直流、刚果（金）—几内亚 ±800 千伏直流 II 期、刚果（金）—尼日利亚 ±800 千伏直流，中部非洲向南部、西部非洲供电规模分别增至 1300 万、4000 万千瓦；建设刚果（金）—埃塞俄比亚 ±800 千伏直流工程，依托刚果河下游水电电量效益，助力东非和北非、西亚实现互济；建设刚果（金）—摩洛哥 ±1100 千伏直流工程，与北非太阳能联合送电欧洲。

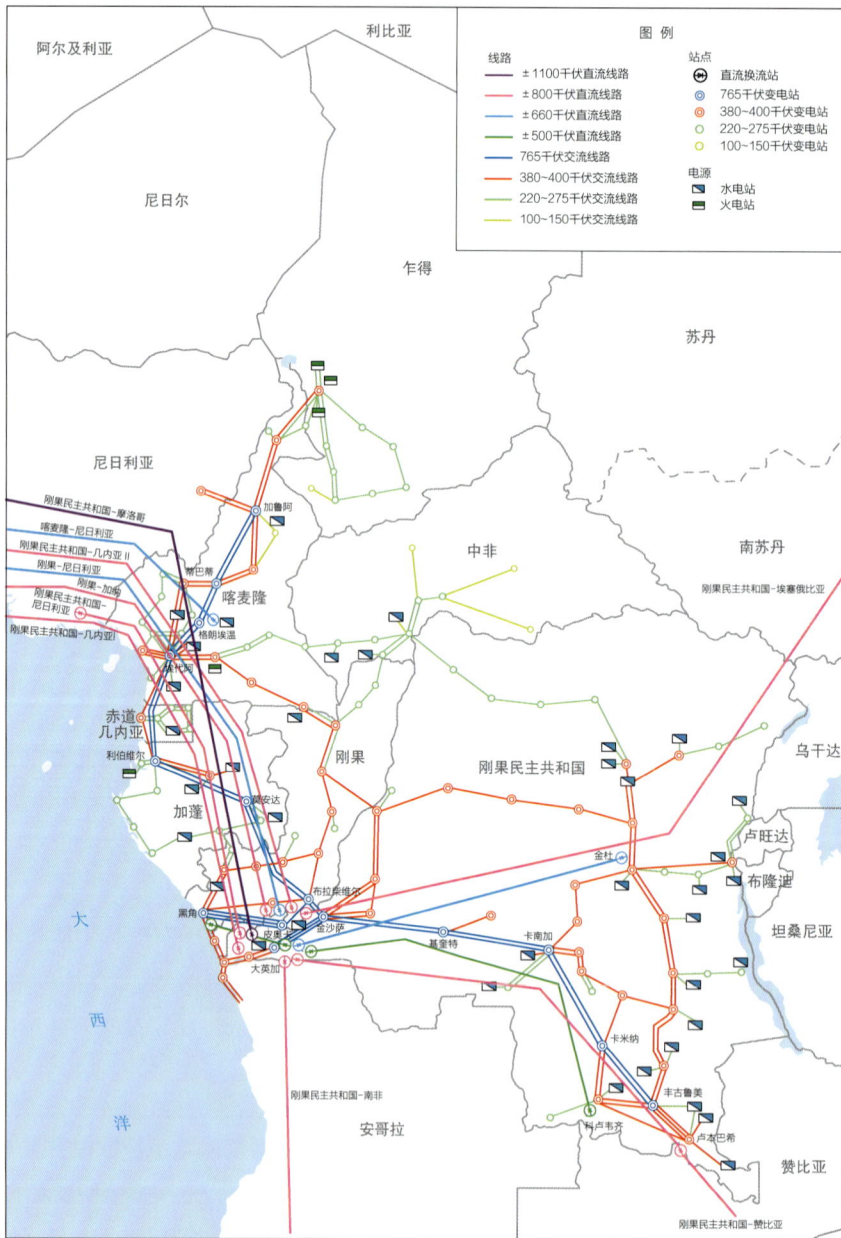

图 5-12　2050 年中部非洲电网互联示意图

5.3.4 东部非洲

2016 年，东部非洲用电量 403 亿千瓦时，最大负荷 845 万千瓦，装机容量 1358 万千瓦。苏丹、埃塞俄比亚、肯尼亚和坦桑尼亚是区内电力大国，用电量和装机占比分别高达 87% 和 84%。东部非洲电网基础较为薄弱，无电人口约 2.1 亿，是非洲无电人口总数最多的区域；跨国电力交换容量小，部分国家通过 245/132 千伏交流互联。东部非洲区位优势明显，人口增速快，各国高度重视工业化和工业园区建设，是目前非洲经济发展最快的区域。

未来东部非洲发展重点是提高电网覆盖率，加强南北电网互联，打造非洲电网互联重要枢纽。为实现多种清洁能源大规模开发和优化配置，建设连接北部尼罗河水电基地、苏丹太阳能基地、埃塞俄比亚风电基地和南部肯尼亚地热能基地、鲁菲吉河水电基地及区内负荷中心的骨干网架，提高电网覆盖面积和区内南北部电力交换能力。同时，跨区与南部、中部、北部非洲互联，跨洲与西亚互联，实现跨时空多能互补互济。

2035 年，东部非洲用电量达 2017 亿千瓦时，最大负荷 3900 万千瓦，装机容量 9520 万千瓦。2035 年东部非洲电网互联情况如图 5-13 所示。

区内 ▶ 新建和加强各国 500/400/220 千伏骨干网架，北部建设苏丹—埃塞俄比亚 500 千伏、埃塞俄比亚—厄立特里亚 220 千伏交流通道，加强埃塞俄比亚—吉布提 220 千伏交流线路，南部建设肯尼亚—乌干达、肯尼亚—坦桑尼亚 400 千伏交流联络线路，以埃塞俄比亚与肯尼亚为断面，形成南北两大区域电网格局；建设埃塞俄比亚—肯尼亚 765 千伏交流输电通道，与即将建成投运的埃塞俄比亚—肯尼亚 ±500 千伏直流工程一起，显著提高南北部地区电力交换能力。

跨区 ▶ 建设埃塞俄比亚—南非 +800 千伏直流工程，将尼罗河水电送至南非负荷中心，建设坦桑尼亚—赞比亚 1 回 400 千伏交流联网线路，初步形成东部、南部非洲同步电网；建设埃塞俄比亚—沙特阿拉伯 ±660 千伏直流工程，输电容量 400 万千瓦，将东非水电送至海湾国家。

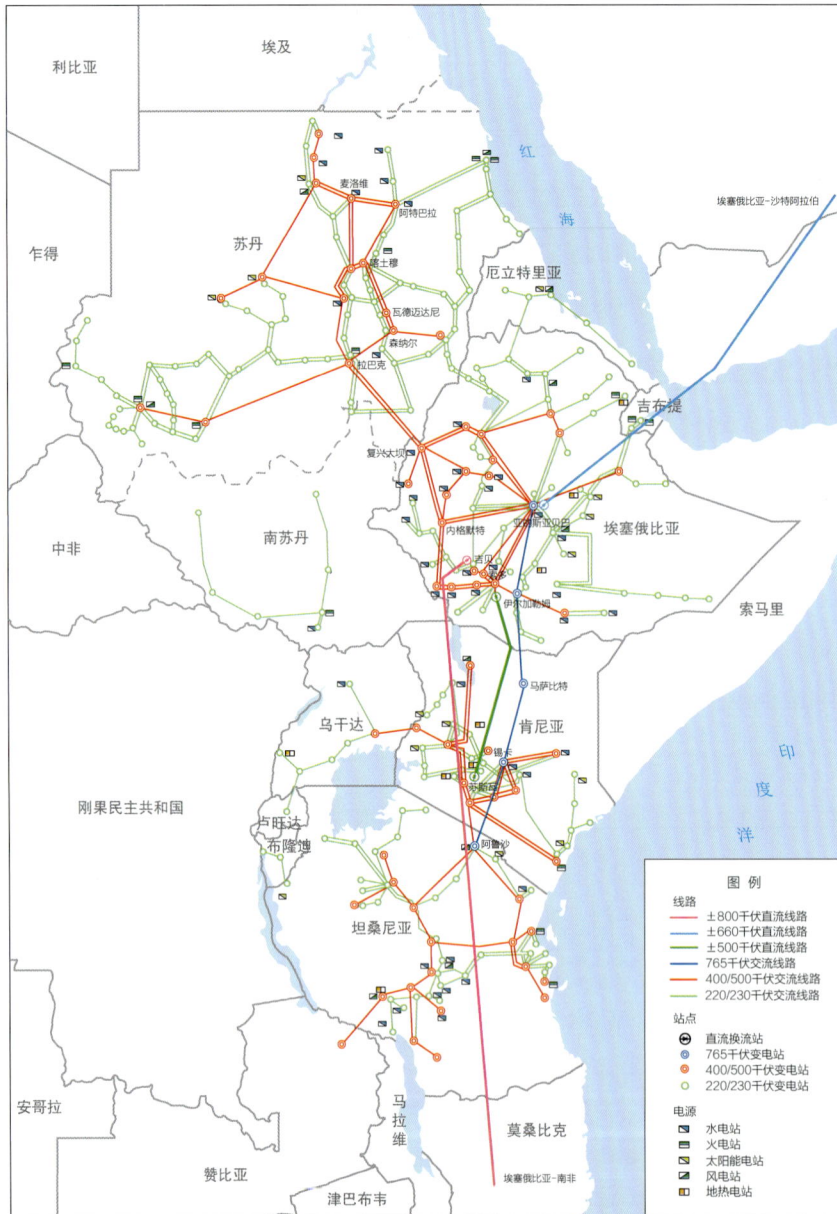

图 5-13   2035 年东部非洲电网互联示意图

2050 年，东部非洲用电量达 5000 亿千瓦时，最大负荷 9640 万千瓦，装机容量 2.3 亿千瓦。2050 年东部非洲电网互联情况如图 5-14 所示。

区内 ▶ ···

各国国内 500/400/220 千伏主网架全面加强，覆盖清洁能源基地和各国规模较大城市；南北两大区域电网格局进一步凸显，北部苏丹—埃塞俄比亚 500 千伏输电通道加强为 4 回，埃塞俄比亚与厄立特里亚、索马里等国通过 400 千伏交流互联；南部形成环维多利亚湖 400 千伏环网格局，并向北延伸至南苏丹；南北部之间，建设埃塞俄比亚—肯尼亚—坦桑尼亚 765 千伏 2 回交流输电通道，并向西延伸至乌干达，南北电力互济能力显著提升。

跨区 ▶ ⋯⋯⋯⋯⋯⋯⋯⋯⋯⋯⋯⋯⋯⋯⋯⋯⋯⋯⋯⋯⋯⋯⋯⋯⋯⋯⋯⋯⋯⋯⋯

建设刚果（金）—埃塞俄比亚 ±800 千伏直流工程、输电容量 800 万千瓦；建设埃塞俄比亚—埃及 ±800 千伏直流工程，电力交换规模 800 万千瓦，充分发挥东部非洲水电站库容效益，实现东非与中部、北部非洲联网，成为非洲电网互联的"缓冲器"。

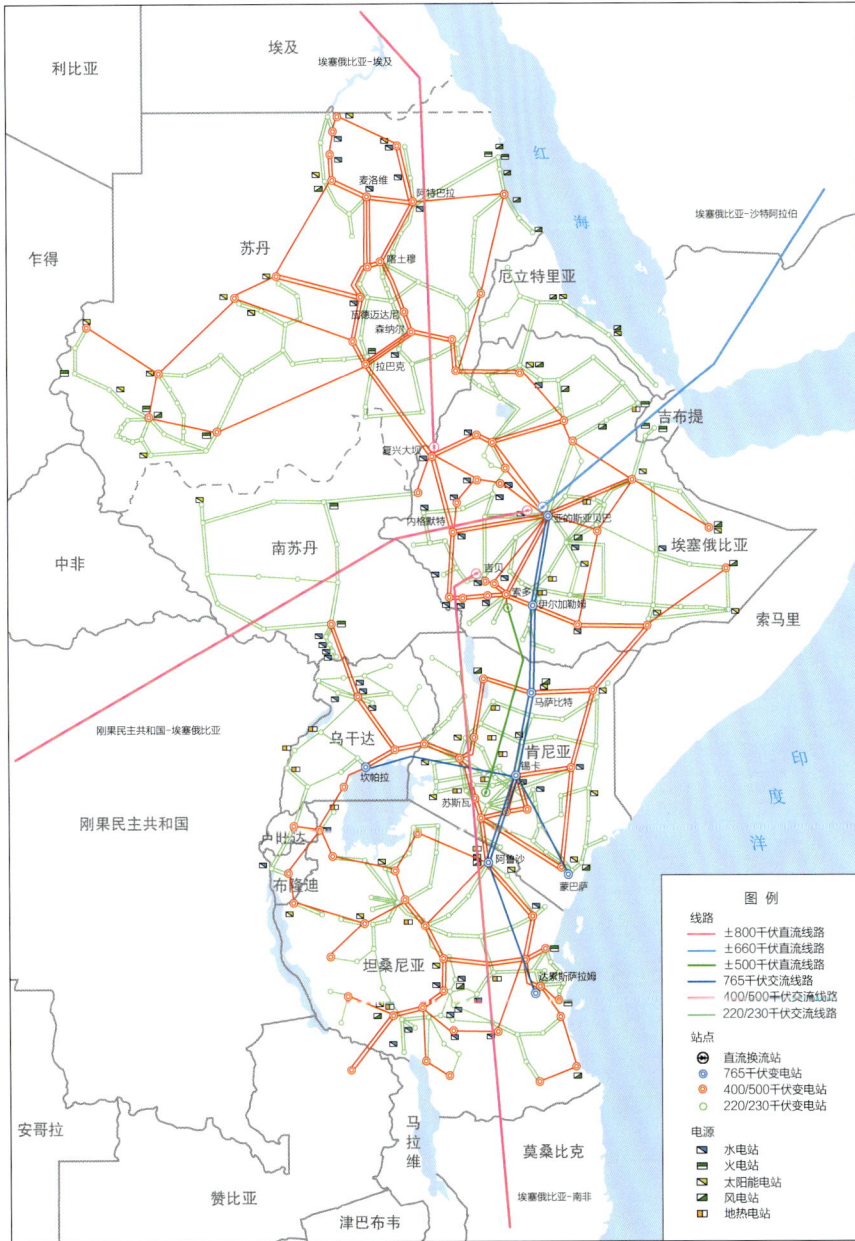

图 5-14　2050 年东部非洲电网互联示意图

5.3.5 南部非洲

2016 年,南部非洲用电量 2466 亿千瓦时,最大负荷 4771 万千瓦,装机容量 6355 万千瓦。南部非洲电力发展极不均衡,南非是整个区域最发达的国家,用电需求占比 78%。除南非外,其余国家电力基础设施较为薄弱,马拉维、马达加斯加、莫桑比克、赞比亚、莱索托等国电力普及率不到 30%。除安哥拉、马拉维和岛屿国家外,其余各国已实现 132 ~ 400 千伏交流联网。南部非洲矿产资源丰富,且煤炭、石油、天然气等化石能源资源储量大,人口增长快,工业基础较好,经济发展潜力大,将带动能源电力需求快速增长。

未来南部非洲发展重点是加强电网互联,满足大型清洁能源电力大范围优化配置需要,建设连接区域清洁能源基地和负荷中心的主网架,提升区域电力交换能力和供电可靠性,扩大联网范围、提高区域总体电力普及率;跨区与东部、中部非洲水电等清洁电力互补互济,实现多能互补、高效利用,满足南部非洲持续增长的电力需求。

2035 年,南部非洲用电量达 6440 亿千瓦时,最大负荷 1.1 亿千瓦,装机容量 1.7 亿千瓦。2035 年南部非洲电网互联情况如图 5-15 所示。

区内 ▶ ⋯⋯⋯⋯⋯⋯⋯⋯⋯⋯⋯⋯⋯⋯⋯⋯⋯⋯⋯⋯⋯⋯⋯⋯⋯⋯⋯⋯⋯⋯⋯⋯⋯

初步建成南部非洲 765/400 千伏同步电网,形成 3 条纵向输电通道,西部纵向通道由安哥拉—纳米比亚 400 千伏交流、纳米比亚—南非 765 千伏交流组成,中部通道由赞比亚—津巴布韦—博茨瓦纳—南非 400 千伏交流组成,东部通道主要是莫桑比克—南非 ±533 千伏直流通道,实现纳米比亚太阳能电力、赞比西河水电和博茨瓦纳太阳能电力送入南非。

跨区 ▶ ⋯⋯⋯⋯⋯⋯⋯⋯⋯⋯⋯⋯⋯⋯⋯⋯⋯⋯⋯⋯⋯⋯⋯⋯⋯⋯⋯⋯⋯⋯⋯⋯⋯

与东部非洲互联,建设埃塞俄比亚—南非 ±800 千伏直流工程,将尼罗河水电送至南非负荷中心,建设坦桑尼亚—赞比亚 1 回 400 千伏交流联网线路;与中部非洲互联,建设刚果(金)大英加—刚果(金)卢本巴希—赞比亚 ±800 千伏三端直流工程,建设刚果(金)—安哥拉北部 2 回 400 千伏交流联网线路,接纳刚果河下游水电。

图 5-15　2035 年南部非洲电网互联示意图

2050 年，南部非洲用电量达 9650 亿千瓦时，最大负荷 1.7 亿千瓦，装机容量 3.0 亿千瓦。2050 年南部非洲电网互联情况如图 5-16 所示。

区内 ▶

全面建成南部非洲 765/400 千伏同步电网，广泛互联大型清洁能源基地和负荷中心。全面建成东部、西部 765 千伏纵向通道，纳米比亚、莫桑比克与南非 765 千伏联网通道加强为 2 回，并延伸至安哥拉，津巴布韦、博茨瓦纳与南非 400 千伏联网进一步增强，南非 765 千伏主网架向西南沿海港口等负荷中心延伸，重点加强 400 千伏交流横向联系，南部非洲形成 765/400 千伏双环网结构，跨国电力交换能力和供电可靠性大幅提升。

跨区 ▶

进一步加强与东非联网，新建 1 回坦桑尼亚—赞比亚 400 千伏交流；建设刚果（金）—南非 ±800 千伏直流工程，受电容量 800 万千瓦，南部非洲受入刚果河水电总规模达到 1300 万千瓦。

图 5-16　2050 年南部非洲电网互联示意图

5.4　重点互联互通工程

5.4.1　跨洲重点工程

　　跨洲建成非洲向欧洲送电的 4 回 ±800 千伏、2 回 ±660 千伏、1 回 ±500 千伏直流工程及非洲与亚洲互联的 2 回 ±660 千伏、1 回 ±500 千伏直流工程，总输送容量 5400 万千瓦。

　　1　**非洲—欧洲互联互通工程**

　　摩洛哥丹吉尔—葡萄牙法鲁 ±500 千伏直流输电工程，定位为汇集摩洛哥太阳能基地等清洁电力外送葡萄牙，拟采用 ±500 千伏直流，输送容量 300 万千瓦，线路长度约 260 千米，其中跨海长度 200 千米，2035 年前建成。工程总投资约 12 亿美元，输电价约为 1.65 美分 / 千瓦时。

阿尔及利亚艾格瓦特—法国图卢兹 ±800 千伏直流输电工程，定位为汇集阿尔及利亚艾格瓦特太阳能基地电力外送法国，拟采用 ±800 千伏直流，输送容量 800 万千瓦，线路长度约 1400 千米，其中跨地中海距离 750 千米，2035 年前建成。工程总投资 74 亿美元，输电价约为 2.63 美分 / 千瓦时。

突尼斯突尼斯市—意大利罗马 ±800 千伏直流输电工程，定位为汇集突尼斯雷马达太阳能基地、莫纳斯提尔风电基地电力外送意大利，拟采用 ±800 千伏直流，输送容量 800 万千瓦，线路长度约 1300 千米，其中跨海长度 200 千米，2035 年前建成。工程总投资 43 亿美元，输电价约为 1.53 美分 / 千瓦时。

埃及扎耶德—土耳其阿达纳 ±660 千伏直流输电工程，定位为汇集埃及南部太阳能基地电力外送土耳其，拟采用 ±660 千伏直流，输送容量 400 万千瓦，线路长度约 1100 千米，其中跨海长度 800 千米，2035 年前建成。工程总投资 42 亿美元，输电价约为 2.95 美分 / 千瓦时。

摩洛哥扎格—西班牙马德里 ±660 千伏直流输电工程，定位为汇集刚果（金）大英加水电和摩洛哥扎格太阳能基地电力，联合调节后外送至西班牙，拟采用 ±660 千伏直流，输送容量 400 万千瓦，线路长度约 1800 千米，其中跨海长度 30 千米，2050 年前建成。工程总投资 20 亿美元，输电价约为 1.23 美分 / 千瓦时。

阿尔及利亚瓦尔格拉—法国里昂—德国法兰克福 ±800 千伏三端直流输电工程，定位为汇集阿尔及利亚瓦尔格拉太阳能基地外送法国和德国，拟采用 ±800 千伏直流，输送容量 800 万千瓦，法国和德国各消纳 400 万千瓦，线路长度约 2400 千米，其中跨海长度 840 千米，2050 年前建成。工程总投资 84 亿美元，输电价约为 2.58 美分 / 千瓦时。

埃及马特鲁—希腊雅典—意大利莱切 ±800 千伏三端直流输电工程，定位为汇集埃及马特鲁风电基地和太阳能电力外送希腊和意大利，拟采用 ±800 千伏直流，输送容量 800 万千瓦，在希腊及阿尔巴尼亚、保加利亚等国消纳 400 万千瓦后，输送 400 万千瓦电力至意大利南部，线路长度约 1700 千米，其中跨海长度 960 千米，2050 年前建成。工程总投资 84 亿美元，输电价约为 3.01 美分 / 千瓦时。

非洲—欧洲互联工程如图 5-17 所示。

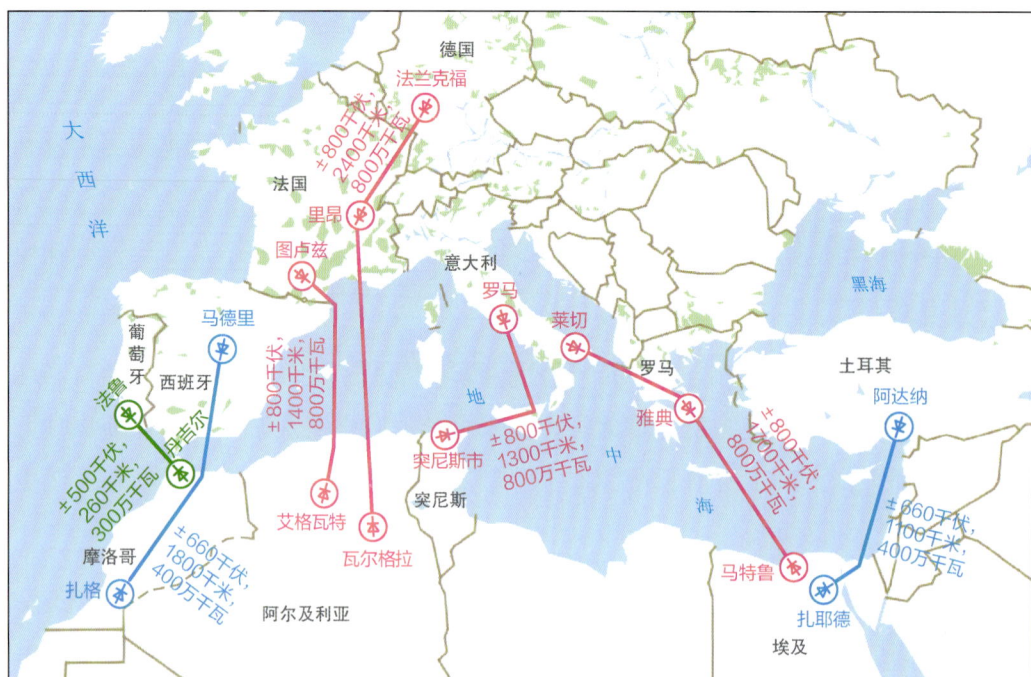

图 5-17　非洲—欧洲互联工程示意图

2 非洲—亚洲互联互通工程

沙特阿拉伯麦地那—沙特阿拉伯泰布克—埃及开罗 ±500 千伏三端直流输电工程，定位为沙特阿拉伯太阳能电力外送埃及，拟采用 ±500 千伏直流，输送容量 300 万千瓦，线路长度约 1300 千米，其中跨海长度 20 千米，预计 2035 年前建成。工程总投资约 16 亿美元，输电价约为 1.51 美分 / 千瓦时。

埃塞俄比亚亚的斯亚贝巴—沙特阿拉伯利雅得 ±660 千伏直流输电工程，定位为汇集埃塞俄比亚复兴大坝、吉贝水电基地电力外送沙特阿拉伯，拟采用 ±660 千伏直流，输送容量 400 万千瓦，线路长度约 2000 千米，其中跨海长度 40 千米，2035 年前建成。工程总投资约 21 亿美元，输电价约为 1.50 美分 / 千瓦时。

沙特阿拉伯泰布克—埃及开罗 ±660 千伏直流输电工程，定位为沙特阿拉伯太阳能外送埃及，拟采用 ±660 千伏直流，输送容量 400 万千瓦，线路长度约 700 千米，其中跨海长度 20 千米，2050 年前建成。工程总投资约 14 亿美元，输电价约为 0.98 美分 / 千瓦时。

非洲—亚洲互联工程如图 5-18 所示。

图 5-18　非洲—亚洲互联工程示意图

5.4.2　跨区重点工程

2050 年前，跨区建成中部非洲向西部、南部、北部和东部非洲送电的 2 回 ±660 千伏、7 回 ±800 千伏、1 回 ±1100 千伏直流工程以及东部非洲与南部、北部非洲互联的 2 回 ±800 千伏直流工程，总输送容量 8500 万千瓦。

1 中部非洲—西部非洲互联互通工程

喀麦隆格朗埃温—尼日利亚奥绍博 ±660 千伏直流输电工程， 定位为汇集喀麦隆萨纳加河水电基地电力外送尼日利亚西南部，拟采用 ±660 千伏直流，输送容量 400 万千瓦，线路长度约 1100 千米，2035 年前建成。工程总投资约 15 亿美元，输电价约为 1.06 美分 / 千瓦时。

刚果（金）大英加—几内亚科鲁阿内—几内亚林桑 ±800 千伏直流输电工程， 定位为将刚果河大英加水电外送几内亚东部铁矿区和西部铝矾土矿区消纳，拟采用 ±800 千伏直流，输送容量 800 万千瓦，线路长度约 4500 千米，2035 年前建成。工程总投资约 87 亿美元，输电价约为 2.46 美分 / 千瓦时。

刚果（布）皮奥卡—尼日利亚拉各斯 ±660 千伏直流输电工程，定位为将刚果河皮奥卡水电外送尼日利亚负荷中心，拟采用 ±660 千伏直流，输送容量 400 万千瓦，线路长度约 2000 千米，2035 年前建成。工程总投资约 26 亿美元，输电价约为 1.38 美分 / 千瓦时。

刚果（布）皮奥卡—加纳库马西 ±800 千伏直流输电工程，定位为将刚果河皮奥卡水电外送加纳中部，为加纳和科特迪瓦供电，拟采用 ±800 千伏直流，输送容量 800 万千瓦，线路长度约 2800 千米，2035 年前建成。工程总投资约 59 亿美元，输电价约为 1.59 美分 / 千瓦时。

刚果（金）大英加—尼日利亚贝宁城 ±800 千伏直流输电工程，定位为将刚果河大英加水电外送尼日利亚南部，拟采用 ±800 千伏直流，输送容量 800 万千瓦，线路长度约 2000 千米，2050 年前建成。工程总投资约 49 亿美元，输电价约为 1.31 美分 / 千瓦时。

刚果（金）皮奥卡—几内亚博凯 ±800 千伏直流输电工程，作为刚果（金）—几内亚直流工程 II 期，定位为将刚果河皮奥卡水电外送至几内亚西部博凯电解铝产业园，拟采用 ±800 千伏直流，输送容量 800 万千瓦，线路长度约 4500 千米，2050 年前建成。工程总投资约 78 亿美元，输电价约为 2.34 美分 / 千瓦时。

中部非洲—西部非洲互联工程如图 5-19 所示。

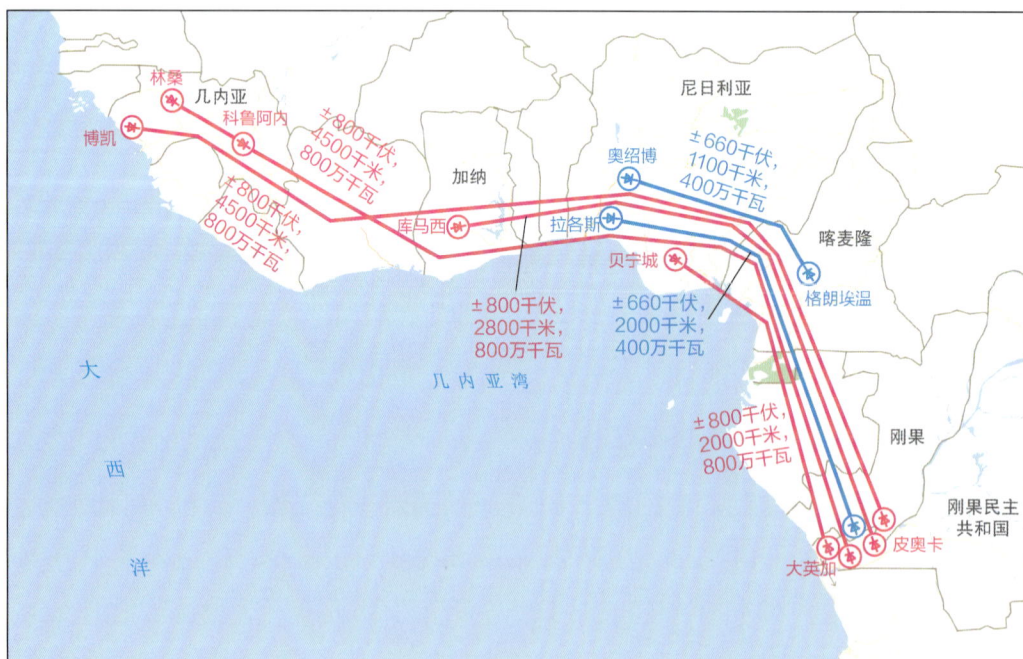

图 5-19 中部非洲—西部非洲互联工程示意图 ❶

---

❶ 为方便表述和区分，图中刚果、刚果民主共和国在文中分别称为刚果（布）、刚果（金）。

2 中部非洲—南部非洲互联互通工程

刚果（金）大英加—刚果（金）卢本巴希—赞比亚卡布韦 ±800 千伏三端直流输电工程， 定位为将刚果河大英加水电送至刚果（金）南部加丹加省矿区和赞比亚北部矿区消纳，拟采用 ±800 千伏直流，输送容量 800 万千瓦，其中 500 万千瓦在刚果（金）卢本巴希及其周边消纳，其余 300 万千瓦在赞比亚卡布韦、基特韦、卢萨卡负荷中心消纳，线路长度约 2200 千米，2035 年前建成。工程总投资约 57 亿美元，输电价约为 1.52 美分 / 千瓦时。

刚果（金）大英加—南非开普敦 ±800 千伏直流输电工程， 定位为将刚果河大英加水电外送南非南部负荷中心消纳，拟采用 ±800 千伏直流，输送容量 800 万千瓦，线路长度约 3800 千米，2050 年前建成。工程总投资约 70 亿美元，输电价约为 1.96 美分 / 千瓦时。

中部非洲—南部非洲互联工程如图 5-20 所示。

图 5-20　中部非洲—南部非洲互联工程示意图

3 中部非洲—北部非洲互联互通工程

刚果（金）大英加—摩洛哥扎格 ±1100 千伏直流输电工程， 定位为将刚果河大英加水电送至摩洛哥，拟采用 ±1100 千伏直流，输送容量 1000 万千瓦，摩洛哥本地消纳 200 万千瓦，剩余 800 万千瓦电力与北非太阳能电力联合调节，通过摩洛哥—西班牙直流、阿尔及利亚—法国—德国直流等送电欧洲负荷中心，线路长度约 6500 千米，2050 年前建成。工程总投资约 122 亿美元，输电价约为 2.60 美分 / 千瓦时。

刚果（金）马塔迪—埃及明亚 ±1100 千伏直流输电工程，定位为将刚果河马塔迪水电送至埃及消纳，拟采用 ±1100 千伏直流，输送容量 1000 万千瓦，线路长度约 5500 千米，2060 年前建成。工程总投资约 108 亿美元，输电价约为 2.28 美分 / 千瓦时。

中部非洲—北部非洲互联工程见图 5-21。

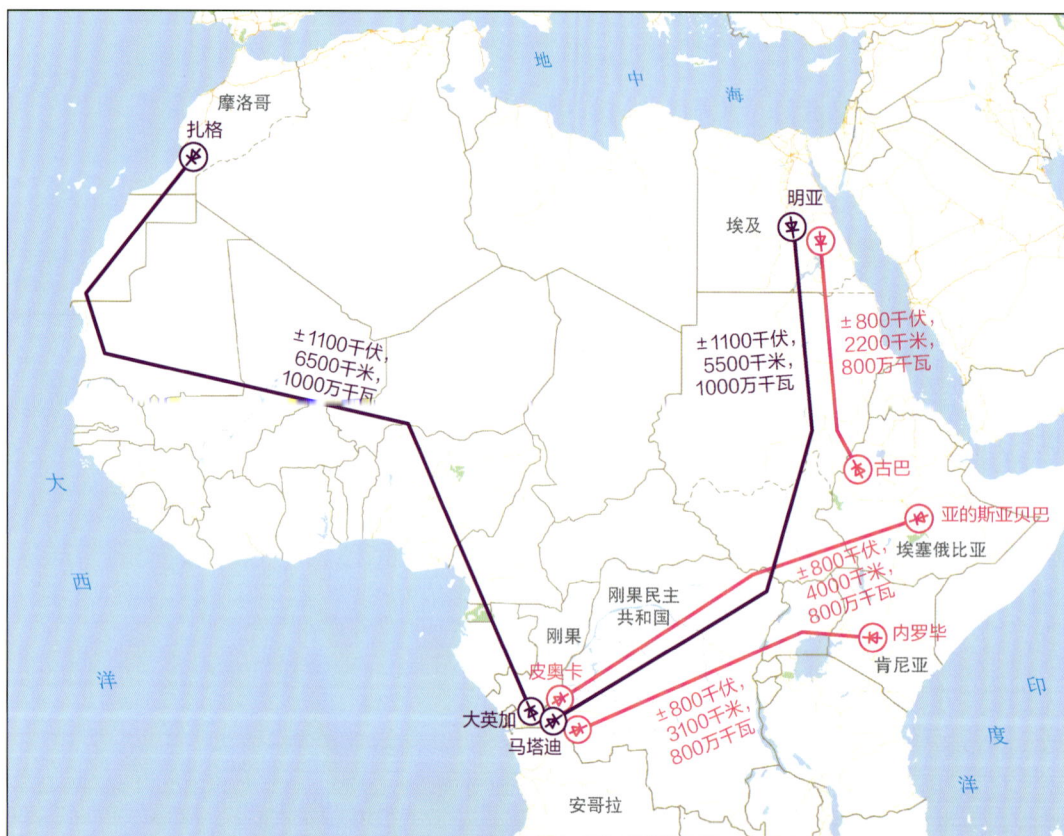

图 5-21　中部非洲—北部非洲—东部非洲互联工程示意图

4　中部非洲—东部非洲互联互通工程

刚果（金）皮奥卡—埃塞俄比亚亚的斯亚贝巴 ±800 千伏直流输电工程，定位为将刚果河大英加水电送至埃塞俄比亚消纳，发挥大英加水电电量效益，提高东非已建成输电通道利用效率，拟采用 ±800 千伏直流，输送容量 800 万千瓦，线路长度约 4000 千米，2050 年前建成。工程总投资约 72 亿美元，输电价约为 2.05 美分 / 千瓦时。

刚果（金）马塔迪—肯尼亚内罗毕 ±800 千伏直流输电工程，定位为将刚果河马塔迪水电送至肯尼亚消纳，满足东部非洲远期负荷需要，拟采用 ±800 千伏直流，输送容量 800 万千瓦，线路长度约3100千米,2060年前建成。工程总投资约62亿美元,输电价约为1.70美分/千瓦时。

中部非洲—东部非洲互联工程见图5-21。

5 东部非洲—北部非洲互联互通工程

埃塞俄比亚古巴—埃及明亚 ±800 千伏直流输电工程,定位为实现埃塞俄比亚水电与埃及太阳能电力互补运行,拟采用 ±800 千伏直流,输送容量800万千瓦,线路长度约2200千米,2050 年前建成。工程总投资约 37 亿美元,输电价约为 1.35 美分/千瓦时。

东部非洲—北部非洲互联工程见图5-21。

6 东部非洲—南部非洲互联互通工程

埃塞俄比亚吉贝—南非约翰内斯堡 ±800 千伏直流输电工程,定位为将东非尼罗河水电送至南非负荷中心,拟采用 ±800 千伏直流,输送容量800万千瓦,线路长度约 4000 千米,2035 年前建成。工程总投资约 57 亿美元,输电价约为 2.06 美分/千瓦时。

东部非洲—南部非洲互联工程如图 5-22 所示。

图 5-22　东部非洲—南部非洲互联工程示意图

5.4.3 区域内重点工程

区域内重点工程包括北部非洲的 1000 千伏特高压交流工程和西部、中部、东部、南部非洲的 765/400 千伏交流工程，预计新建线路路径长度约 2.8 万千米，总投资约 450 亿美元。

1 北部非洲 1000 千伏交流输电走廊工程

建设北非 1000 千伏交流输电走廊工程，加强各国 400 千伏、500 千伏交流网架，充分开发利用北非区域太阳能资源，通过 1000 千伏交流通道，连接北非各国、汇集大型太阳能基地电力，在区内优化配置消纳的基础上，在摩洛哥、突尼斯、埃及、阿尔及利亚通过跨地中海直流通道外送欧洲。

如图 5-23 所示，该工程包括 15 座 1000 千伏变电站、6 座 1000 千伏开关站，线路路径全长 8200 千米。总投资 209.6 亿美元，其中变电总投资 78.4 亿美元，线路总投资 131.2 亿美元。

图 5-23 北部非洲 1000 千伏交流输电走廊工程示意图

2 西部非洲 765 千伏交流输电走廊工程

建设西非 765 千伏交流输电走廊工程，加强各国 330 千伏、225 千伏交流网架，充分开发西部区域水电、太阳能资源，实现东部与西部多能互补互济。

如图 5-24 所示，该工程包括 10 座 765 千伏变电站，线路路径全长 3200 千米。总投资 38.4 亿美元，其中变电总投资 14.1 亿美元，线路总投资 24.3 亿美元。

图 5-24　西部非洲 765 千伏交流输电走廊工程示意图

3　中部非洲 765 千伏交流输电走廊工程

建设刚果（金）—加蓬—喀麦隆 765 千伏交流输电走廊工程，加强各国 400/225 千伏交流骨干网架，连接刚果河、萨纳加河、奥果韦河水电基地，满足刚果（金）、加蓬等国矿业发展电能需要，支撑刚果河、萨纳加河水电汇集送出。

如图 5-25 所示，该工程包括 12 座 765 千伏变电站，路径全长 4000 千米，其中刚果（金）境内长度 1960 千米。总投资 47.1 亿美元，变电总投资 13.5 亿美元，线路总投资 33.6 亿美元。

图 5-25　中部非洲 765 千伏交流输电走廊工程示意图

4 **东部非洲 765/500/400 千伏交流输电走廊工程**

建设东非 765/500/400 千伏交流输电走廊工程，其中苏丹—埃塞俄比亚段电压等级为 500 千伏，埃塞俄比亚—肯尼亚段电压等级为 765 千伏，肯尼亚—坦桑尼亚段电压等级为 765 千伏，并通过 765 千伏交流延伸至乌干达，并通过 400 千伏交流与赞比亚卡萨马同步互联。这条交流通道与埃塞俄比亚—肯尼亚 ±500 千伏直流协调配合，可充分开发利用区内尼罗河、鲁菲吉河流域水能、苏丹太阳能和东非大裂谷地热能，实现区内南北多能互补，区外与南部非洲互济。

如图 5-26 所示，该工程包括 6 座 765 千伏变电站、6 座 500 千伏变电站，4 座 400 千伏变电站，路径全长 5300 千米，其中 765 千伏线路路径长度 2800 千米。总投资 45.2 亿美元，其中变电总投资 10.3 亿美元，线路总投资 34.9 亿美元。

图 5-26　东部非洲 765/500/400 千伏交流输电走廊工程示意图

5 **南部非洲 765/400 千伏交流输电走廊工程**

765 千伏交流输电走廊，建设横穿南非，连接纳米比亚、安哥拉和莫桑比克的 765 千伏交流输电走廊工程，加强南非现有 765 千伏主网架，实现北部地区大规模太阳能、风电向南非东、西部负荷中心送电，同时提升区域供电可靠性。

该工程包括 13 座 765 千伏变电站，其中新建 9 座 765 千伏变电站，如图 5-27 所示，新建线路路径长度 4900 千米。总投资 90.0 亿美元，其中变电总投资 12.7 亿美元，线路总投资 77.3 亿美元。

图 5-27 南部非洲 765/400 千伏交流输电走廊工程示意图

400 千伏交流输电走廊，建设赞比亚—津巴布韦—博茨瓦纳—南非的 400 千伏交流互联工程（向北进一步延伸至东非坦桑尼亚和肯尼亚），汇集赞比西河巴托克峡、卡里巴等电站水电、博茨瓦纳太阳能、坦桑尼亚太阳能和风电，由于赞比西河丰枯特性显著，联网可实现水、风、光互补互济，同时构成东南部非洲 400 千伏交流同步电网，提升系统可靠性。

该工程包括 9 座 400 千伏变电站，线路路径总长度 2800 千米。总投资 12.8 亿美元，其中变电总投资 6.5 亿美元，线路总投资 6.3 亿美元。

5.5 投资估算

5.5.1 投资估算原则

非洲能源互联网投资包括电源投资和电网投资两部分。电源投资根据单位容量投资成本和投产容量进行测算，电网投资根据各电压等级电网投资造价进行估算。

电源投资方面，根据各类电源技术发展趋势，结合国际能源署等国际能源机构相关研究成果，预测 2035、2050 年各类电源单位容量投资成本预测如表 5-1 所示。预计到 2050 年太阳能、风电、水电单位投资成本较 2016 年分别降低 60%、50%、30%。

表 5-1　各水平年各类电源单位投资成本预测

单位：美元 / 千瓦

电源类型	2035 年	2050 年
火电	2200	2200
水电	2600	2000
光伏	580（基地成本：470）	320（基地成本：260）
光热	4290	3500
陆上风电	1060（基地成本：850）	830（基地成本：670）
海上风电	1530	1290
生物质、地热发电及其他	4000	3000

电网投资方面，特高压电网主要参考中国、巴西等同类工程造价进行测算，并结合非洲工程造价实际情况进行调整，如表 5-2 所示。考虑不同水平年和区域差异，非洲 765 千伏及以下电网单位增供电量投资指标按 0.3 ~ 0.4 美元 / 千瓦时进行估算❶。

表 5-2　各电压等级电网投资测算参数

工程类别	变电站、换流站 （美元 / 千伏安、美元 / 千瓦）	线路 （万美元 / 千米）	海底电缆❷ （万美元 / 千米）
1000 千伏交流	67	83	—
765 千伏交流	41	53	—
500 千伏交流	39	34	—
400 千伏交流	33	22	—
±1100 千伏直流	108	111	—
±800 千伏直流	126	90	440
±660 千伏直流	119	52	300
±500 千伏直流	118	38	250

---

❶　麦肯锡全球研究院估计非洲 2040 年前单位增供电量投资为 0.3 美元 / 千瓦时。

❷　表中数据适用于水深小于 100 米的浅海区域。根据实际调研，对于 100~200 米海深的海缆工程，粗略估计造价上浮约 25%，对于 200 米以上的海缆工程，造价需进一步上浮约 30%。

5.5.2 投资估算结果

2019—2050 年，非洲能源互联网总投资约 3.2 万亿美元，其中电源投资约 2.0 万亿美元，占总投资的 63%，包括清洁能源电源投资 1.6 万亿美元，占总投资的 50%。电网投资约 1.2 万亿美元，占总投资 37%，如图 5-28 所示。

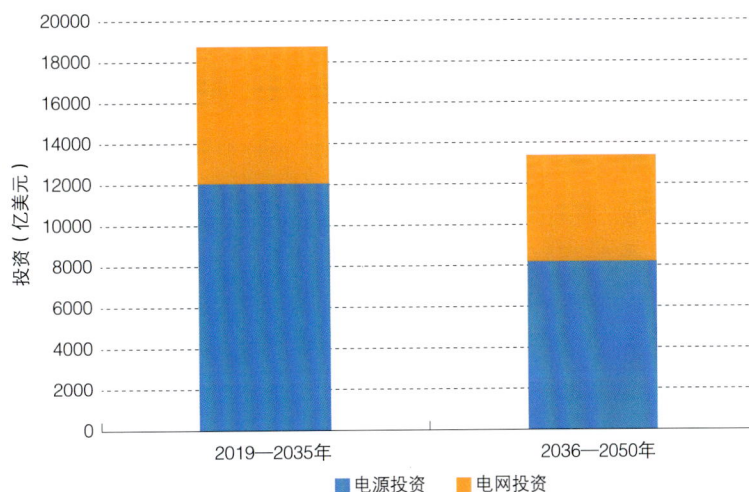

图 5-28　非洲能源互联网投资规模与结构

2019—2035 年

非洲能源互联网总投资约 1.9 万亿美元。电源投资约 1.2 万亿美元，占总投资的 63%，其中清洁电源投资 8760 亿美元，占总投资的 46%，分布式电源投资占电源投资比例约 10%。电网投资约 0.7 万亿美元，占总投资的 37%，其中 500/400 千伏及以上电网投资约 1489 亿美元、330/220 千伏及以下电网投资约 5193 亿美元。

2036—2050 年

非洲能源互联网总投资约 1.3 万亿美元。电源投资约 0.8 万亿美元，占总投资的 62%，其中清洁能源投资约美元 7100 亿美元，占总投资的 55%，分布式电源投资占电源投资比例约 13%。电网投资约 0.5 万亿美元，占总投资的 38%，其中 500/400 千伏及以上电网投资约 1351 亿美元、330/220 千伏及以下电网投资约 3827 亿美元。

2019—2050 年非洲电源与电网投资规模和结构分别如图 5-29、图 5-30 所示。

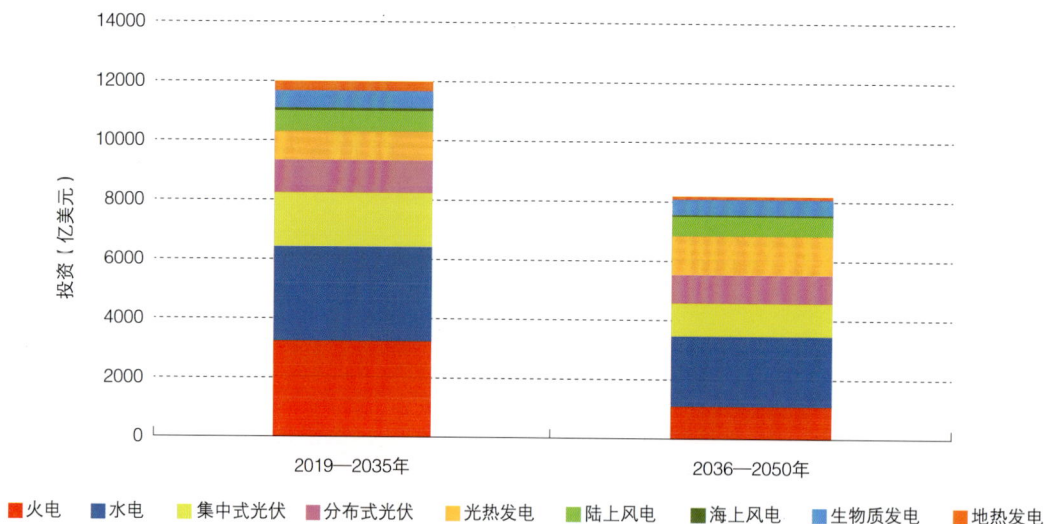

图 5-29　2019—2050 年非洲电源投资规模和结构

图例：■火电　■水电　■集中式光伏　■分布式光伏　■光热发电　■陆上风电　■海上风电　■生物质发电　■地热发电

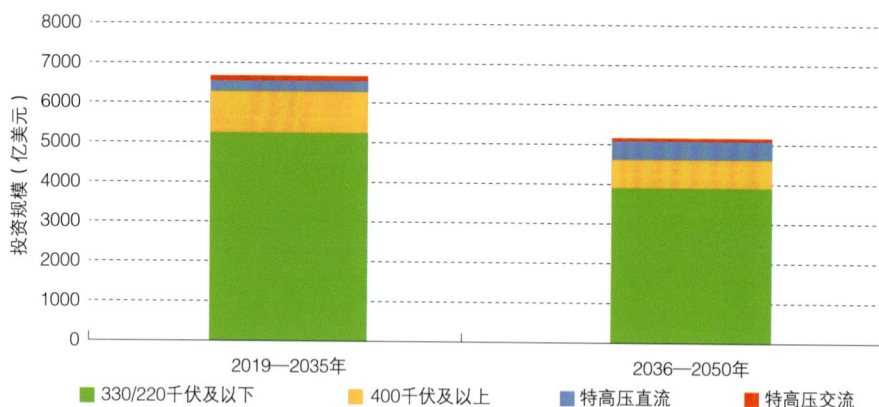

图 5-30　2019—2050 年非洲电网投资规模和结构

图例：■330/220千伏及以下　■400千伏及以上　■特高压直流　■特高压交流

分区域看，西部、北部和南部非洲投资规模占比较高，分别占非洲能源互联网总投资的 26%、23% 和 21%。2050 年前非洲各区域能源互联网投资规模如图 5-31 所示。

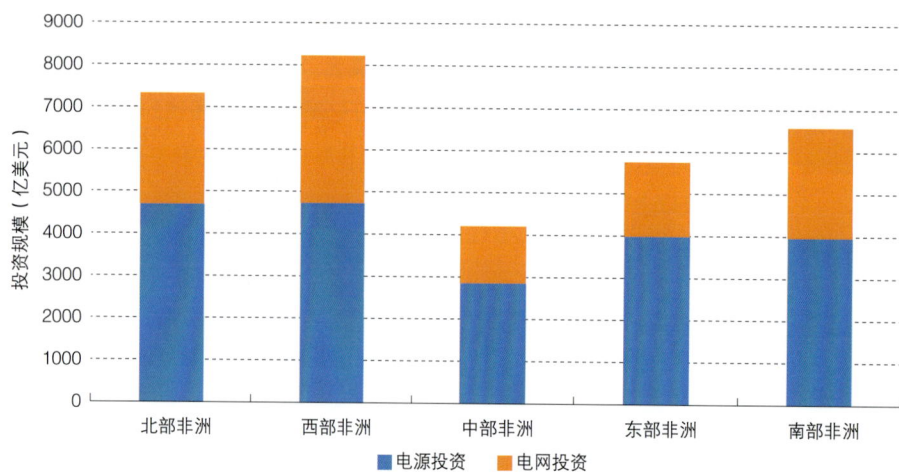

图例：■电源投资　■电网投资

图 5-31　非洲各区域能源互联网投资规模

6

综合效益

非洲能源互联网是加快推动非洲可持续发展，实现经济发展繁荣、大陆和平稳定、非洲一体化的重要载体，是促进非洲经济、社会、环境可持续发展的纽带和桥梁，具有巨大的综合价值。基于非洲能源互联网发展的能源电力展望，统筹考虑生产、消费、投资、国际贸易等因素，采用综合效益评估模型（见附录1），系统分析非洲能源互联网对经济社会发展的促进作用；综合考虑能源生产、传输、加工转换、终端利用对气候变化与生态环境影响，评估非洲能源互联网环境效益；围绕促进可持续发展、能源治理、一体化发展等维度，研判非洲能源互联网政治效益。

6.1 经济效益

1 促进清洁能源和矿产资源开发，加快资源优势转化为经济优势

非洲能源互联网的构建将充分开发刚果河等流域巨大水能资源和北部、东部、南部非洲等区域优质的太阳能和风能资源，促进西部非洲等区域丰富矿产资源的开采、冶炼及深加工，深入挖掘区域内各国的能源和矿产资源禀赋优势，让目前尚未充分开发利用的大好资源变成宝贵财富。

2 满足用能增长需求，拉动经济快速增长

非洲能源互联网将提供一个可靠、经济的能源供应体系，通过大规模开发清洁能源、实现大范围资源配置，构筑能源发展新格局，以清洁和绿色方式满足非洲经济社会发展能源电力需求，为大型矿山、冶金基地和工业园区提供安全、经济、清洁的电力保障。到2050年，非洲能源互联网总投资约3.2万亿美元，对非洲经济增长的年均贡献率约为2.1%。

3 实现清洁永续可靠的能源电力供应

未来将以清洁和绿色方式满足非洲经济社会发展的能源电力需求，摆脱对初级生物质能和化石能源的依赖，实现能源清洁永续供应。到2050年，非洲清洁能源占一次能源比重达到56%以上，清洁能源发电量占总发电量约68%。

4 增加出口创汇，实现均衡发展

大规模开发非洲清洁能源发电基地，通过跨国、跨区、跨洲互联互通，实现清洁电力外送消纳，将显著扩大电力进出口贸易规模。2050年，非洲电力进出口贸易将实现创汇约360亿美元。非洲经济发展相对滞后，但清洁能源资源富集的区域，可以将资源优势转化为经济优势，有力带动经济发展，从而使非洲各国可以获得平等发展机会，缩小贫富差距，根本解决经济发展失衡和贫困问题。

6.2 社会效益

1 降低能源供应成本

大规模开发利用清洁能源，扩大清洁能源优化配置范围，将有效降低能源供应成本。2050年非洲平均发电成本比目前下降约 50%，效益十分显著。

2 解决无电问题

随着清洁能源发电快速发展、电价大幅下降，到 2035 年，电力普及率将提高到 90% 以上；到 2050 年，全面解决无电人口用电问题。未来，非洲人人都能用得上、用得起绿色、清洁、低价、可靠的电力，可以享受现代电力文明成果，根本解决能源贫困问题。

3 促进改善健康

二氧化硫、氮氧化物和细颗粒物是主要的空气污染物。这些污染物绝大多数来源于能源生产和使用，主要是化石燃料和生物质的燃烧。通过构建非洲能源互联网，大规模开发使用清洁能源，将有效降低能源生产和使用带来的污染问题，大幅减少由此引发的疾病和死亡人数。仅此一项，非洲每年可减少相关疾病 200 万 ~ 300 万例。

4 带动社会就业

构建非洲能源互联网涉及能源开发、电力生产、电网建设、电工装备、电能替代、智能技术、新型材料、信息通信等诸多领域，同时支撑采矿、冶炼、加工等大型工业发展，可有力带动就业。到 2050 年，非洲可累计新增超过 1 亿个就业岗位。

6.3 环境效益

1 减少温室气体排放

化石能源利用是二氧化碳排放的主要来源，约占二氧化碳总排放量的 85%。未来非洲工业化将带来能源需求进一步增长，加速清洁能源开发利用，有效控制能源利用导致的二氧化碳排放，是应对气候变化的关键。构建非洲能源互联网，充分利用非洲丰富的清洁能源，以电网互联互通加速清洁能源高效、规模化开发利用，可以实现清洁能源优化配置和快速发展。通过"清洁替代"从源头上控制温室气体排放，通过"电能替代"促进各终端部门减排，从而实现温升控制目标。构建非洲能源互联网，至 2035 年，能源系统年二氧化碳排放降至约 18 亿吨，较政策延续情景❶减少 24%，至 2050 年能源系统年二氧化碳排放进一步降至约 17 亿吨，较政策延续情景减少 56%，如图 6-1 所示。

---

❶ 奥地利国际应用系统分析研究所（IIASA）发布的全球政策延续情景，该情景为各国延续现有已出台的相关政策所形成的经济、能源、电力、排放发展路径。

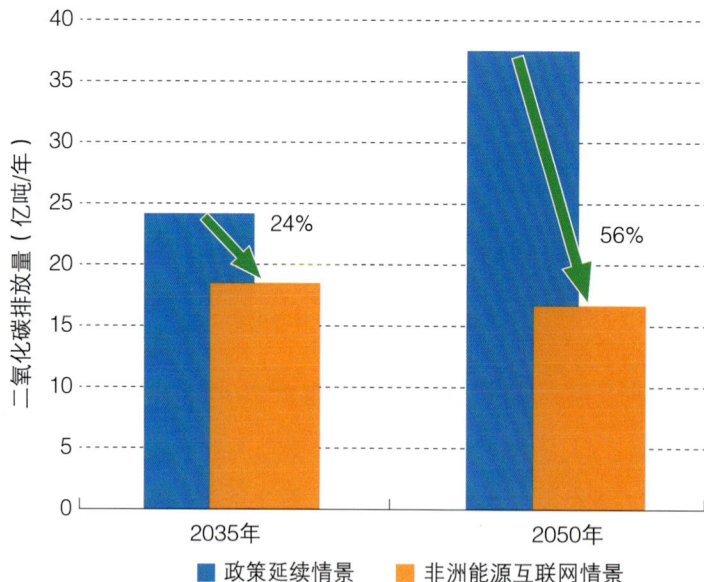

图 6-1   非洲能源互联网碳减排效益

2   减少气候相关灾害

气候灾害主要包括干旱灾害、洪涝灾害、风灾等，是由气候原因引起的自然灾害。非洲易受气候变化影响，对气候变化的适应能力弱。构建非洲能源互联网，可从源头上减少温室气体排放，减缓全球和区域气候系统的异常变化和极端事件，有效降低沿海气候灾害发生风险；利用先进输电、智能电网技术，提升能源电力基础设施防灾能力和气候韧性，大力推进电力普及，促进解决无电人口用电问题，减少因气候灾害造成的经济损失和人员伤亡。

3   减少大气污染物排放

二氧化硫、氮氧化物和细颗粒物是全球三大主要空气污染物，化石能源消费是造成空气污染的重要原因。构建非洲能源互联网，实施"清洁替代"，促进清洁能源大规模开发利用，从污染源头上直接减少化石能源生产、使用、转化全过程的空气污染物排放，实现以清洁、经济、高效方式破解"心肺之患"；实施"电能替代"，推动工业、交通、生活部门使用的煤炭、石油和天然气被清洁电力取代，减少工业废气、交通尾气、生活和取暖废气等排放，深度挖掘和释放各行业减排潜力，实现终端用能联动升级、空气污染联动治理。

到 2035 年，与政策延续情景相比，每年可减少排放二氧化硫 90 万吨、细颗粒物 20 万吨，如图 6-2 所示。

到 2050 年，与政策延续情景相比，每年可减少排放二氧化硫 300 万吨、细颗粒物 70 万吨，如图 6-3 所示。

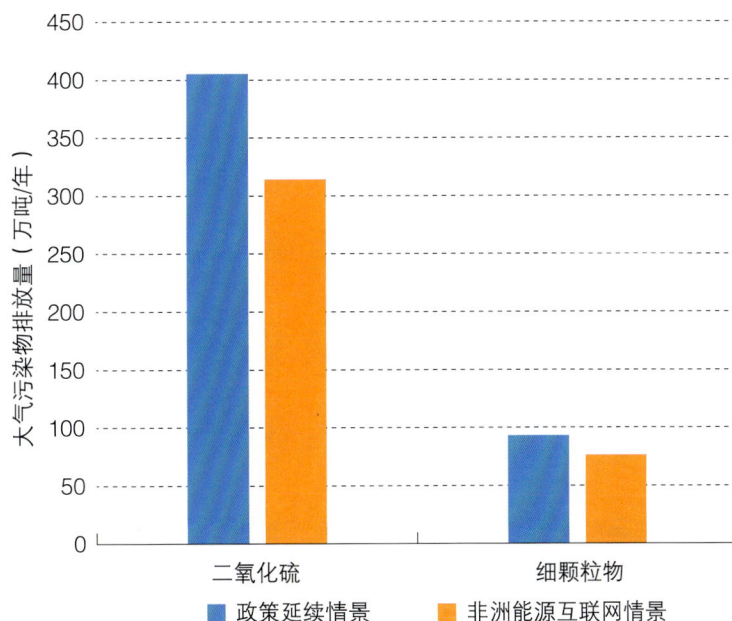

图 6-2　2035 年非洲能源互联网大气污染物减排效益

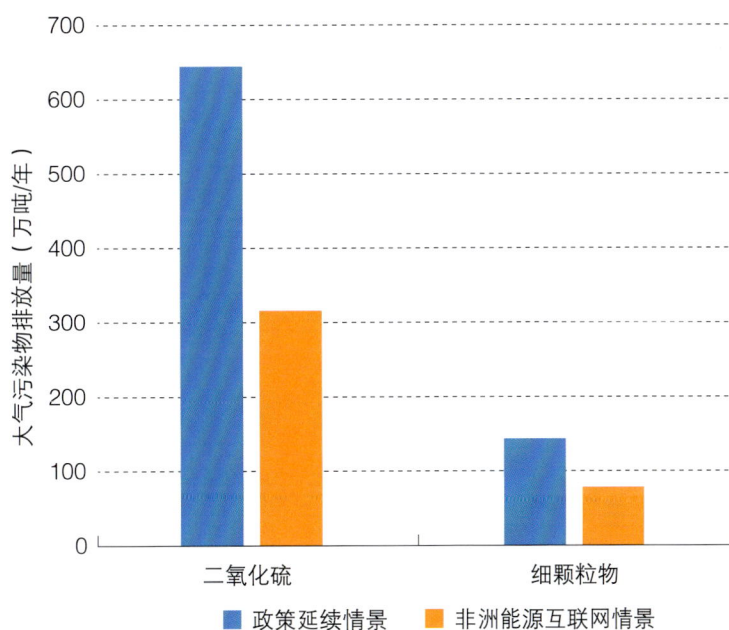

图 6-3　2050 年非洲能源互联网大气污染物减排效益

4　提高土地资源价值

　　提高土地资源价值主要是指在荒漠化土地等人类未利用的土地上统筹开发清洁能源，提升土地经济价值，节约高价值土地的占用，实现经济社会发展与环境保护的有机结合。构建非洲能源互联网，在土地贫瘠、清洁能源资源丰富区域开发风能、太阳能等，增加地表粗糙度和覆盖度，增加区域降水并有效降低土壤水分蒸发量，促进荒漠土地恢复，一定程度上缓解非洲的水资源短缺问题；通过互联互通将荒漠区域的清洁电能送至负荷区域，将生态环境劣势转化为资源开发利用优势，通过清洁能源外送、产业结构升级、资源协同开发等综合措施推动实施植树造林、改善土壤质量和建设农业基础设施，以保护水土和恢复生态环境。与政策延续情景相比，到 2035 年，非洲每年可提高土地资源价值 6 亿美元；到 2050 年，非洲每年可提高土地资源价值 14 亿美元。

6.4 政治效益

1 增强政治互信

通过构建非洲能源互联网，实现各国清洁能源共享、电力互联互通和跨洲跨国交易，将有力加强能源、经济合作和政治互信。

2 促进和平发展

在清洁能源开发使用和非洲能源互联网建设过程中，各国有着共同的利益，加快了合作开放、互联互通、互利共赢的非洲能源治理新格局的形成。在此格局下，由能源资源争夺引发的政治、军事、外交矛盾和冲突将大大减少，有力促进和平和谐发展。

3 服务区域一体化发展

通过构建非洲能源互联网，加强非洲各区各国在能源领域的合作，推动在各方之间建立牢固的伙伴关系。加强各国电力互联互通，增强各国间政治互信，减少直至消除由于能源资源争夺引发的争端，促进非洲和平和谐，助力非洲复兴和人类命运共同体建设。

7

实现 1.5 摄氏度温控目标发展展望

　　构建非洲能源互联网，通过搭建清洁能源开发、配置和使用的互联互通大平台，能够开发和利用洲内丰富的清洁能源资源和减排潜力，实现《巴黎协定》2摄氏度温控目标，这也为非洲和全球进一步将温升控制在1.5摄氏度以内提供了可行性。本章综合考虑非洲清洁能源资源、经济产业和技术发展条件，在建设非洲能源互联网基础上，通过在能源供应侧加快清洁替代，在能源消费侧加大电能替代力度和深度，合理应用碳捕集与封存及负排放技术，研究和提出非洲能源互联网加快发展情景方案，促进全球实现1.5摄氏度温控目标。

7.1　形势要求

　　实现1.5摄氏度温控目标对于全球可持续发展和各国福祉具有重大意义。实现1.5摄氏度温控目标能够确保全球气候系统风险更小，自然系统和人类系统更安全。全球1.5摄氏度和2摄氏度温升的气候特征存在巨大差异，包括陆地和海洋的平均温度、人类居住区域的极端气温、强降水与干旱概率等。相比2摄氏度温升，实现全球1.5摄氏度温升能防止150万~250万平方千米的多年冻土区融化，生物多样性受影响比例和高风险区域面积减少一半以上，并防止海洋渔业捕捞量大量减少；全球面临气候相关风险的人口和易致贫人口的数量将减少数亿人，承受水资源缺口压力的人口占全球总人口的比例最高能下降50%；同时气候变化带来的全球整体经济发展风险会更低，易受贫困威胁的人口比重更低。

　　为实现1.5摄氏度温控目标，非洲亟须全面提升气候行动力度。联合国政府间气候变化专门委员会研究表明，人类活动已导致全球温升高于工业化前水平约1.0摄氏度。如果延续现有排放趋势，2030年前后1.5摄氏度目标的排放空间即将用尽，全球温升可能在2030—2052年间达到1.5摄氏度。如果要将温升控制在1.5摄氏度以内，全球2018—2100年累积二氧化碳排放量应控制在4200亿—5800亿吨以内。❶这意味着相较2摄氏度目标，全球碳排放空间减少一半以上。未来随着非洲工业化的实施，能源需求和减排压力将迅速增加。要实现1.5摄氏度温控目标，非洲各国亟须快速实现碳排放达峰，力争2050年前实现净零排放。

7.2　实施路径

　　创新和推广各类高效、低碳能源技术，完善和强化各国低碳能源政策，持续加强区域能源合作，将有效促进非洲加速能源清洁低碳转型，显著提升应对气候变化行动力度和减排效果。

7.2.1　清洁替代

　　能源供应侧加快清洁替代。充分利用新能源发电技术快速发展和经济性快速提升的机遇，制定更大力度支持清洁能源产业发展的政策，建立更有利于清洁能源规模化、集约化开发和大范围互补、高比例利用的机制，进一步加快水能、风能和太阳能多能互补和多国协同开发，加

---

❶　联合国政府间气候变化专门委员会，全球1.5℃温升特别报告，2018。

大生物质能开发利用，迅速提高清洁能源在非洲能源供应中的比重，迅速降低化石能源比重和温室气体排放水平。

水能开发方面 ▶
引入先进技术和工程建设管理经验，加快刚果河、尼罗河等流域大中型水电站建设。推进各流域水能综合开发研究，协调相关国家权益和流域梯级电站集中开发、高效送出。

风能开发方面 ▶
进一步加快北部、东部和南部非洲等区域大型陆上风电基地建设；积极研究开发海上风电，特别是地中海沿岸、东部非洲印度洋沿岸及南部非洲大西洋沿岸区域风电，作为沿海区域补充电源。

太阳能开发方面 ▶
进一步加快北部、西部、东部和南部非洲等区域大型太阳能发电基地建设；发展光热发电以及光热/光伏混合发电，提高灵活调节能力；充分利用建筑屋顶、农渔业设施和水面等空间，推进分布式光伏发电建设。

7.2.2 电能替代

能源消费侧深化电能替代。加大配套财政补贴和税收减免等政策力度，进一步加快电能替代相关技术研发速度，支持电气化产业发展，充分激发电能替代潜力，从而提高电能替代经济性、迅速扩大电能消费规模，推动终端用能结构以更快速度调整。

直接电能替代方面
加大电动汽车、电动机械等技术攻关和产业扶持力度，优化基础设施布局，构建新的商业模式和产业生态；加快推动动力电池、热泵等关键技术发展与突破，支持工业领域工艺创新，进一步提升直接电能替代经济效益；大力推广电锅炉、电窑炉、热泵、电钻机、电排灌等电能替代应用，激发电能替代市场活力，扩大电能替代规模。

间接电能替代方面
积极发展电制氢及燃料电池、电制合成燃料和原材料等新型电气化技术；加速推进相关基础设施建设，提升电制氢、电制合成燃料生产规模以及运输、配置效率；促进成本快速下降，2040年左右在金属冶炼、长途客运/货运、航空航海等领域大规模推广应用，进一步提高电气化、清洁化水平。

7.2.3　固碳减碳

推动固碳减碳技术应用。在更大力度推动能源供应侧清洁替代和能源消费侧电能替代、减少温室气体排放的基础上，进一步通过政策支持积极推动固碳减碳技术研发和商业化、规模化应用，直接减少空气中的温室气体。

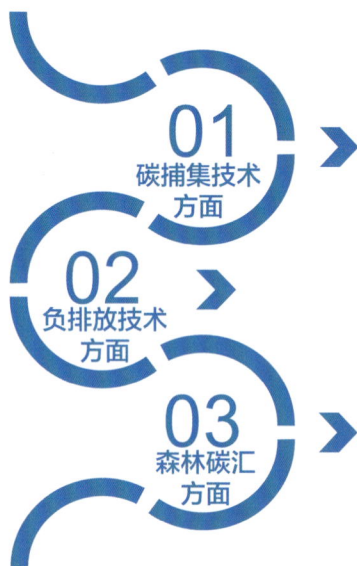

01 碳捕集技术方面
碳捕集与封存技术二氧化碳减排成本2012年已下降至60美元/吨，预计到2030年初步具备应用经济性，远期将大规模应用于电力热力生产、重工业、化工等领域。为实现1.5摄氏度温控目标，预计到2050年，80%以上的火电厂和工业碳排放源将配置碳捕集装置。

02 负排放技术方面
在发电等领域，通过生物质联合碳捕集与封存技术能够实现负排放。生物质发电和生物质燃料技术应用均已初具规模，随着碳捕集与封存技术逐渐具备大规模应用的经济性，生物质联合碳捕集与封存技术机组规模将快速扩大，实现大规模的负排放，促进深度减排。

03 森林碳汇方面
在加纳、尼日利亚等近海国家的干旱与半干旱地区，通过海水淡化补充淡水资源等方式，提高各类植被覆盖面积，增加农、林、土地利用部门的固碳能力，以清洁电力促进生态修复和负排放。

7.3　情景方案

综合考虑非洲清洁发展趋势、经济发展条件、技术创新方向、碳减排形势等方面要求，在非洲能源互联网促进实现2摄氏度温控目标情景方案基础上，通过加快实施清洁替代、电能替代、固碳减排等方面技术，研究和提出非洲能源互联网促进实现1.5摄氏度温控目标情景方案。

7.3.1　能源需求

非洲能源供应侧清洁替代速度加快，化石能源需求提前达峰、达峰后快速下降。能源消费侧深度电能替代和能源效率提升，电能占终端能源比重大幅提升。

一次能源需求

按发电煤耗法计算，2035、2050年分别达到17.2亿、23.7亿吨标准煤，2016—2050年年均增速2.1%。煤炭需求2020年后快速下降，石油、天然气需求在2035年左右达峰，之后快速下降。非洲清洁替代速度持续加快，清洁能源在一次能源需求结构中的比重持续提升，2035、2050年清洁能源占一次能源比重分别提升至63%、80%，其中中部、西部非洲清洁能源占比较高，分别达到 85%、82%，南部、北部非洲清洁能源占比较低，分别为 77%、76%。实现 1.5 摄氏度温控目标的非洲一次能源需求预测如图 7-1 所示，各区域清洁能源占比如图 7-2 所示。

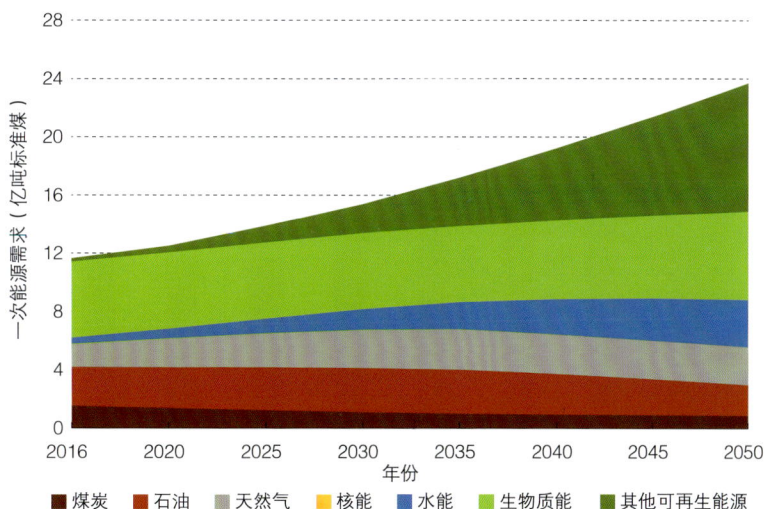

图 7-1 实现 1.5 摄氏度温控目标的非洲一次能源需求预测

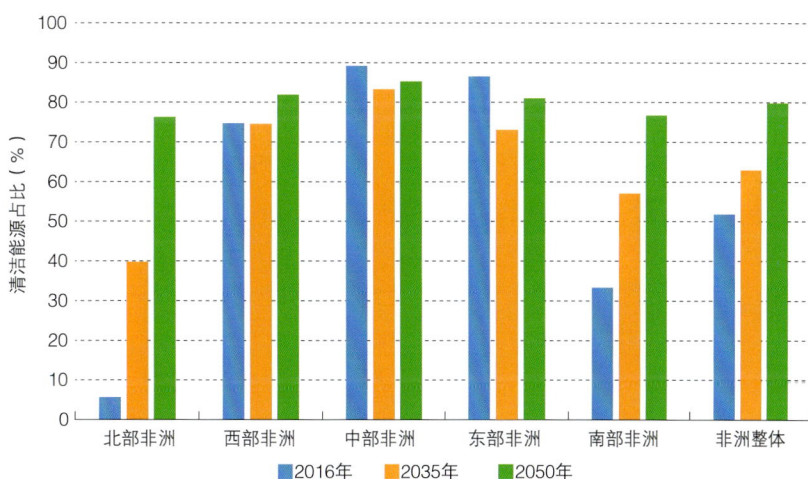

图 7-2 实现 1.5 摄氏度温控目标的非洲各区域清洁能源占比

终端能源需求

2016—2050 年年均增速达到 1.6%，2035、2050 年终端能源需求分别为 11.3 亿、13.9 亿吨标准煤。终端化石能源需求 2035 年达峰，峰值约 3.7 亿吨标准煤，2050 年下降至 3.2 亿吨标准煤。深度电能替代在终端各用能部门加快推进，预计到 2035 年和 2050 年，电能占终端能源比重分别达到 26% 和 41%，工业、交通、建筑部门电能占比分别达到 35% 和 50%、9% 和 24%、25% 和 42%。实现 1.5 摄氏度温控目标的非洲终端能源需求分品种与电能占终端能源比重变化趋势如图 7-3 所示，终端各部门电能占比如图 7-4 所示。

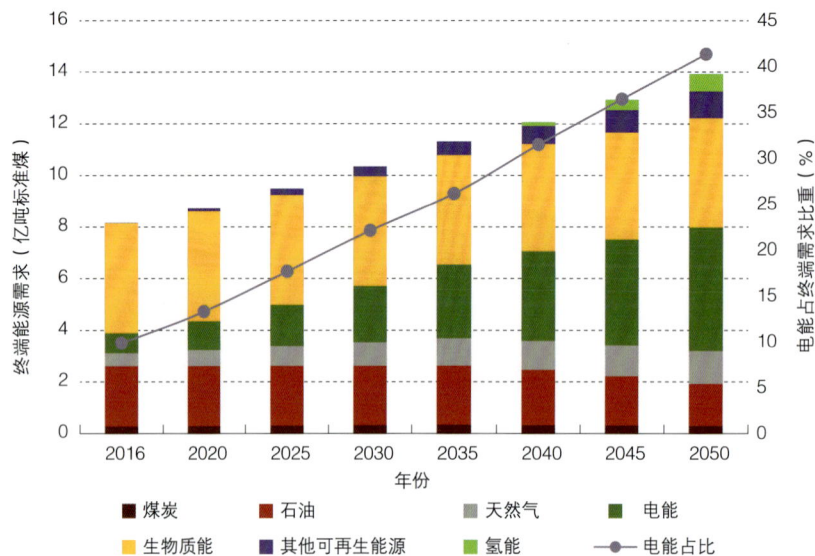

图 7-3　实现 1.5 摄氏度温控目标的非洲终端能源需求预测

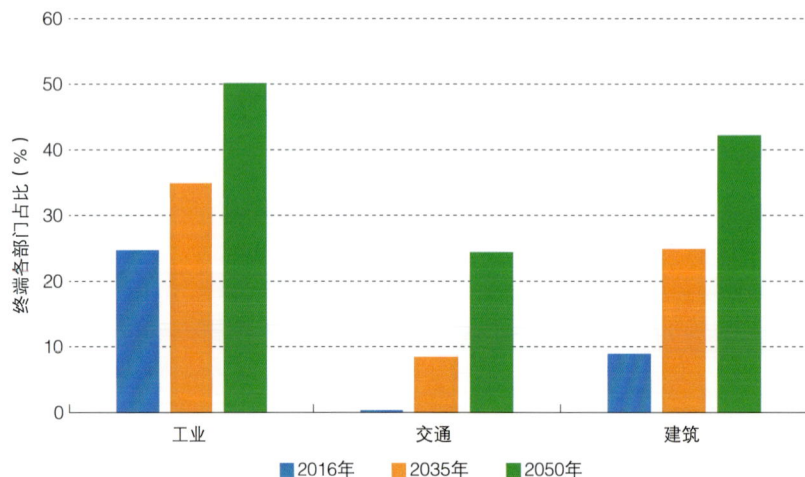

图 7-4　实现 1.5 摄氏度温控目标的非洲终端各部门电能占比

7.3.2　电力需求

电力需求总量

2050 年用电量将达到 2016 年的 7.0 倍。如图 7-5 所示，2035 年，非洲总用电量约 2.4 万亿千瓦时，2016—2035 年年均增速 7.2%，最大负荷约 4.3 亿千瓦，年均增速 6.6%。2050 年，非洲总用电量约 4.5 万亿千瓦时，2036—2050 年年均增速 4.3%，最大负荷约 8.0 亿千瓦，年均增速 4.3%。

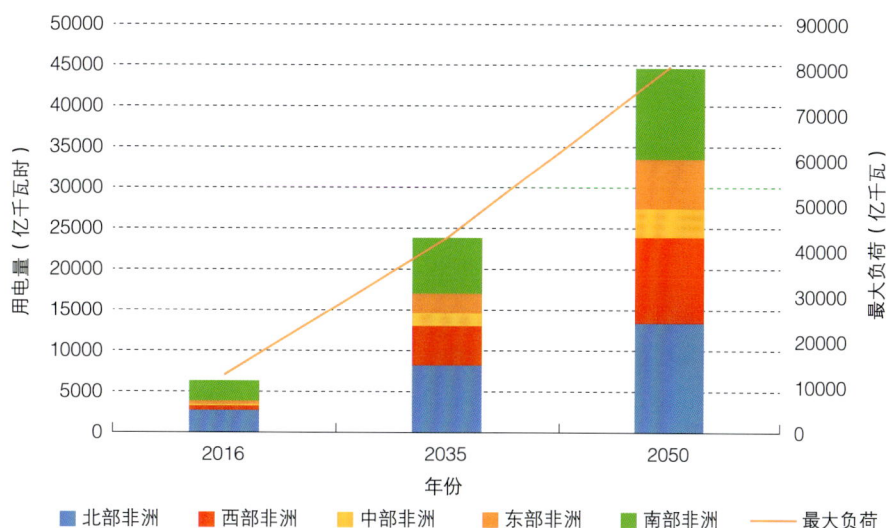

图 7-5　实现 1.5 摄氏度温控目标的非洲电力需求预测

人均用电量

2050 年非洲年人均用电量达到 1760 千瓦时，相当于全世界 20 世纪 80 年代末的水平。北部、西部、中部、东部和南部非洲年人均用电量分别为 4647、1307、1145、828、2793 千瓦时，分别达到 2016 年的 3.3、8.4、8.2 、7.0、2.3 倍，如图 7-6 所示。

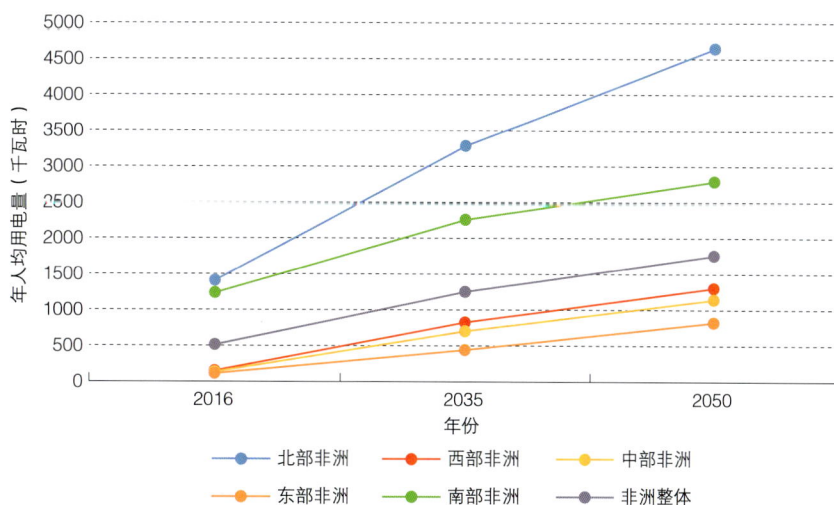

图 7-6　实现 1.5 摄氏度温控目标的非洲各区域人均用电量预测

分区域用电情况

2050年，北部、西部、中部、东部和南部非洲用电量分别达到1.3万亿、1.1万亿、3530亿、6050亿和1.1万亿千瓦时，占比分别为30%、24%、8%、13%和25%，如图7-7所示。与2016年相比，北部、南部非洲占非洲总用电量比例分别下降13、14个百分点，而西部、中部和东部非洲占比上升了15、5和7个百分点。非洲各区域电力需求增长情况具体可参见表7-1。

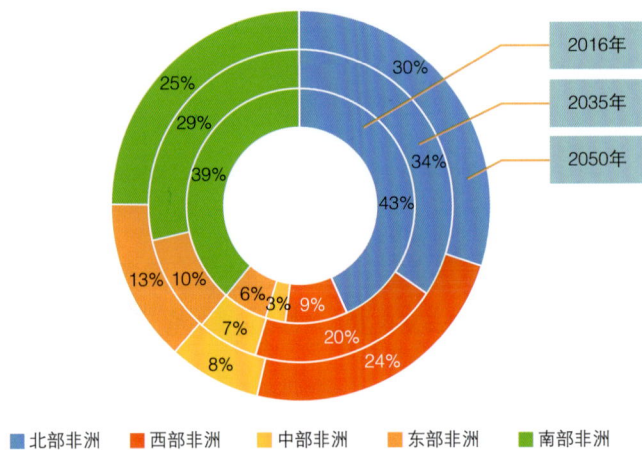

图 7-7　实现1.5摄氏度温控目标的非洲各区域用电量占比

表 7-1　实现1.5摄氏度温控目标的非洲电力需求预测

区域	用电量（万亿千瓦时）			用电量增速（%）		最大负荷（万千瓦）			负荷增速（%）	
	2016	2035	2050	2016—2035	2036—2050	2016	2035	2050	2016—2035	2036—2050
北部非洲	0.27	0.82	1.34	5.9	3.3	0.58	1.50	2.42	5.1	3.2
西部非洲	0.06	0.49	1.06	12.0	5.3	0.10	0.86	1.79	11.7	5.0
中部非洲	0.02	0.16	0.35	12.0	5.6	0.03	0.27	0.63	12.0	5.9
东部非洲	0.04	0.24	0.61	9.9	6.3	0.08	0.47	1.19	9.5	6.4
南部非洲	0.25	0.68	1.11	5.5	3.3	0.48	1.20	2.03	5.0	3.6
非洲	0.64	2.39	4.47	7.2	4.3	1.27	4.3	8.06	6.6	4.3

7.3.3 电力供应

非洲装机规模进一步增大，清洁能源装机比重持续提高。实现 1.5 摄氏度温控目标的非洲电源装机展望如图 7-8 所示，2050 年前非洲电源装机结构如图 7-9 所示。

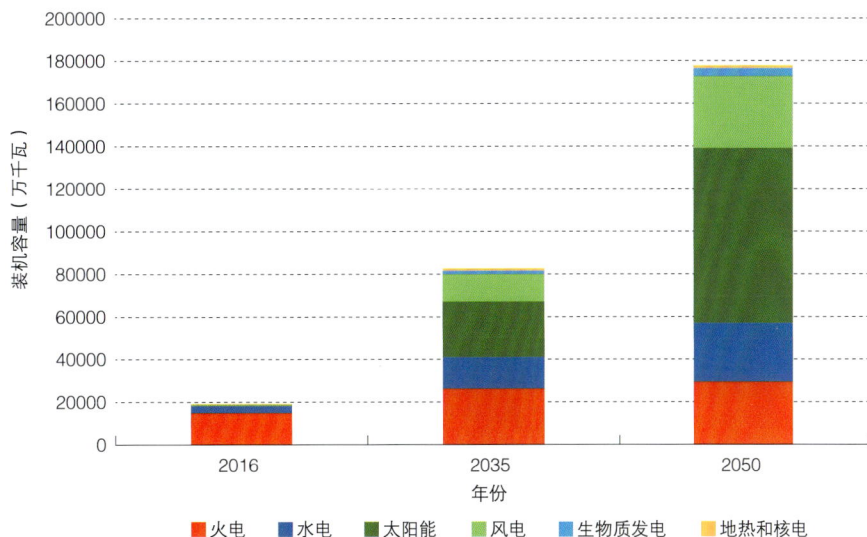

图 7-8 实现 1.5 摄氏度温控目标的非洲电源装机展望

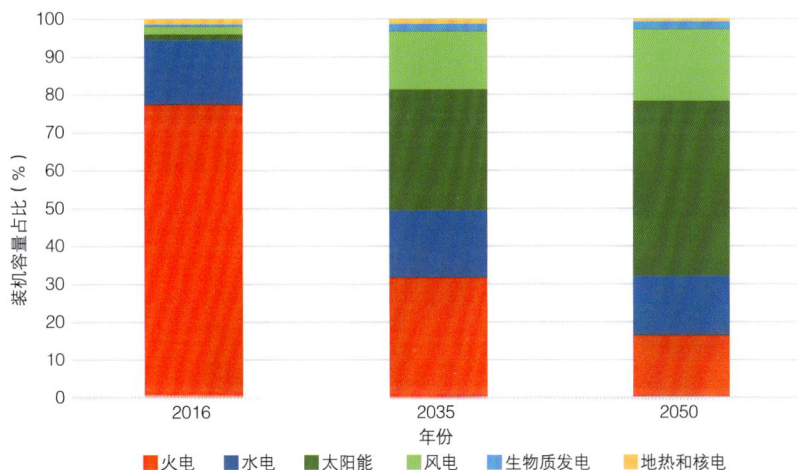

图 7-9 实现 1.5 摄氏度温控目标的非洲电源装机结构

2035 年，非洲电源总装机容量 8.3 亿千瓦，其中清洁能源装机容量 5.6 亿千瓦，占比由 2016 年的 22% 提升至 68%，成为主导电源。风电装机容量 1.3 亿千瓦，占比 16%；太阳能发电装机容量 2.6 亿千瓦，占比 31%；水电装机容量 1.5 亿千瓦，占比 18%。化石能源装机容量 2.6 亿千瓦，占比由 2016 年的 78% 大幅下降至 32%。清洁能源发电量 1.8 万亿千瓦时，占总发电量比重由 2016 年的 20% 提升至 65%。

2050 年，非洲电源总装机容量 17.8 亿千瓦，其中清洁能源装机容量 14.8 亿千瓦，占比提升至 83%。风电装机容量 3.4 亿千瓦，占比 19%；太阳能发电装机容量 8.2 亿千瓦，占比 46%；水电装机容量 2.8 亿千瓦，占比 16%。化石能源装机占比进一步下降至 17%。清洁能源发电量 4.4 万亿千瓦时，占比提升至 85%。

分区域看，北部和南部非洲电源装机容量比重虽有所下降但仍较大，2050 年装机容量占比 34% 和 24%，贡献了非洲装机容量增量的 56%。西部、东部和中部非洲装机容量占比迅速提高，2050 年分别达到 17%、15%、10%，是 2016 年的 1.4、2.5、3.3 倍。非洲各区域装机占比见图 7-10。从分区域装机结构看，2050 年，除中部非洲以水电为主导电源、装机比例超过 80% 外，其他区域均以太阳能发电为主导电源，装机比例均为 50% 左右，如图 7-11 所示。

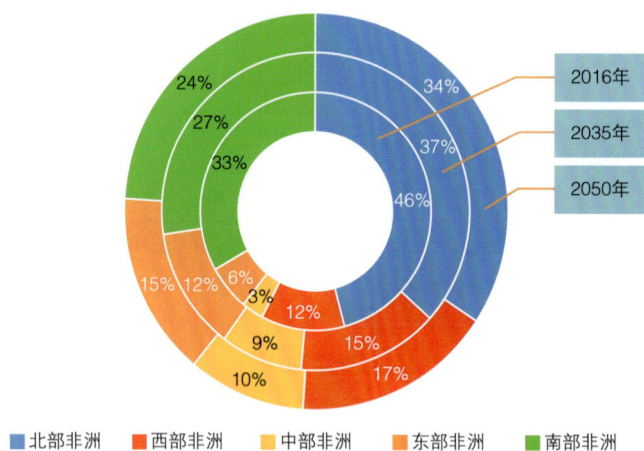

图 7-10　实现 1.5 摄氏度温控目标的非洲各区域电源装机占比

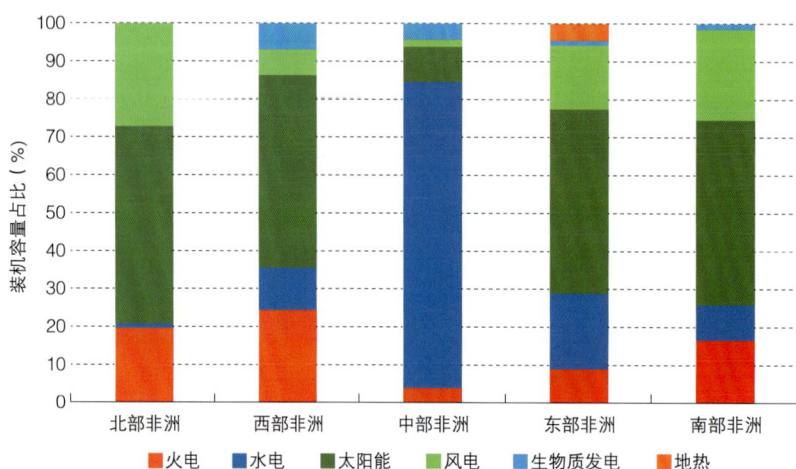

图 7-11　实现 1.5 摄氏度温控目标的 2050 年非洲各区域电源装机结构

7.3.4 电网互联

立足非洲各区域清洁能源资源，加大北非、东非、南部非洲大型清洁能源基地开发规模；进一步加强跨地中海送电通道，扩大向欧洲输电规模。2050年跨洲跨区电力流规模达到约1.7亿千瓦，其中跨洲电力流达到7000万千瓦，跨区电力流达到1亿千瓦。新增摩洛哥—西班牙±800千伏直流工程和突尼斯—法国—德国±800千伏三端直流工程，北非送电欧洲规模达到5900万千瓦，优化调整部分跨地中海直流工程落点，环地中海区域电网互联更加紧密，支撑区域电力市场高效运行。各区域内进一步提升国家间电力交换能力，全面加强各国内交流电网建设，大幅提升清洁能源配置能力。实现1.5摄氏度温控目标的2050年非洲跨洲跨区电力流如图7-12所示。

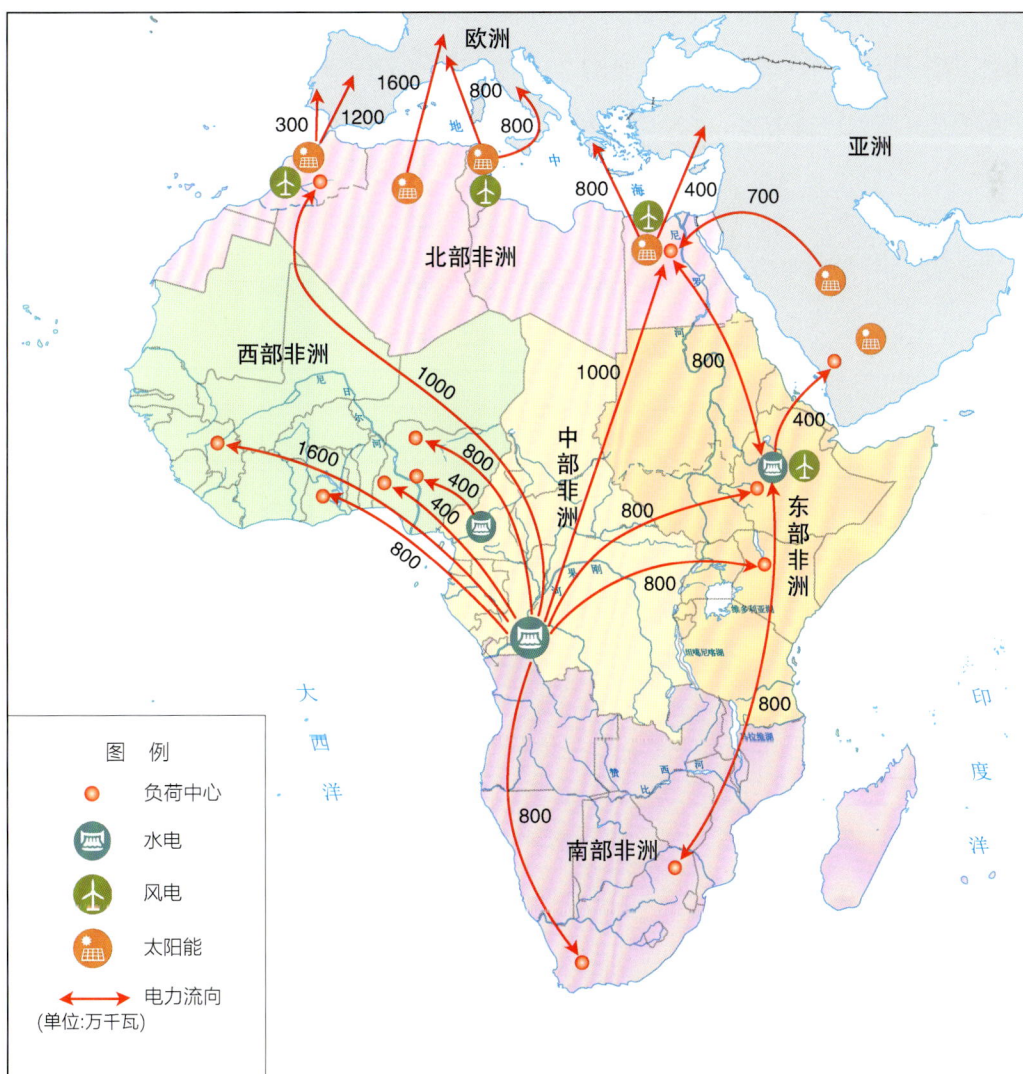

图7-12 实现1.5摄氏度温控目标的2050年非洲跨洲跨区电力流示意图

7.3.5 比较分析

实现《巴黎协定》全球 1.5 摄氏度温控目标可显著降低气候变化风险，对人类和生态系统产生更大效益，同时也对世界各国能源低碳转型和高比例清洁能源系统构建提出了更高要求。未来，随着非洲工业化发展，能源需求和碳排放量将迅速增加，需要推动供应侧高比例清洁替代、消费侧深度电能替代和采用先进成熟新技术；进一步加快能源转型，压减化石能源消费，加快构建零碳能源系统，助力实现 1.5 摄氏度温控目标。

着眼于助力实现全球 1.5 摄氏度温控目标，非洲需要积极应对工业化、城镇化发展带来的碳排放压力，实现清洁低碳发展，加大能源电力清洁化、电气化、互联化发展力度。与助力实现全球 2 摄氏度温控目标相比，进一步压减化石能源，2050 年一次能源中化石能源需求减少 52%；提升清洁能源开发比例，2050 年清洁能源电源装机容量增加 49%；加快电能替代，2050 年终端电能占比提升约 10 个百分点，如图 7-13 所示；加强电网互联互通，跨洲跨区电力流增加 3000 万千瓦；加大投资力度，到 2050 年清洁能源开发和电网建设投资累计增加 20%。

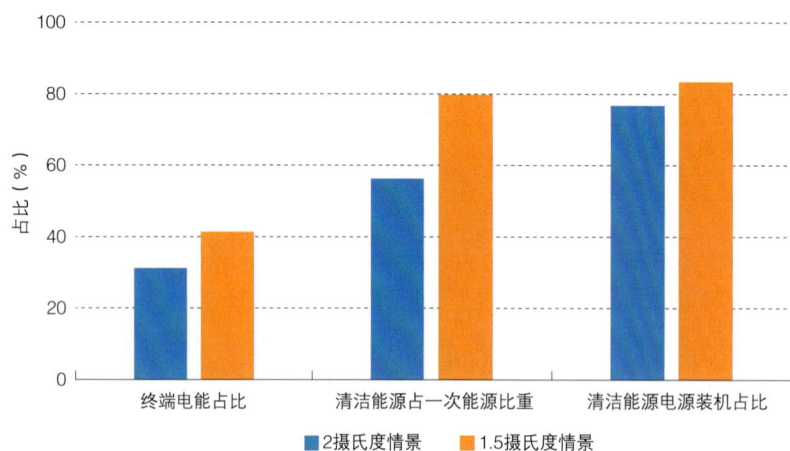

图 7-13 2 摄氏度和 1.5 摄氏度情景下非洲能源电力分析比较

结　语

　　构建非洲能源互联网是非洲能源领域的重大创新，是加快非洲能源变革转型，实现非洲经济、社会、环境协调可持续发展的系统方案，能够实现优质清洁能源资源大范围共享，保障能源电力清洁、安全、经济、高效供应，促进电气化、工业化、区域一体化进程以及产业结构升级和区域合作共赢，有效应对气候变化和保护生态环境，开启非洲可持续发展新篇章。

　　构建非洲能源互联网是一项宏伟的事业，也是复杂的系统工程，涉及技术、经济、政治等多方面。需要全球各有关方面秉持共商、共建、共享、共赢原则，凝聚广泛智慧，开展务实合作，形成强大合力。未来需要在以下几方面共同努力。**一是扩大合作共识，**促进各国政府、能源企业、行业组织、社会团体等形成广泛共识，建立促进清洁发展和互联互通的合作框架和工作机制，出台激励支持政策，建立跨国跨洲能源电力市场和交易机制。**二是加强规划统筹，**发挥规划统领作用，强化顶层设计，加强各国家和地区发展规划统筹，推动产业链上下游协同联动，促进非洲能源互联网与各国能源电力发展深入对接。**三是强化技术创新，**发挥创新驱动的关键作用，整合有关企业和研究机构的技术优势，加强高效清洁发电、先进输电、大规模储能和智能控制等方面关键技术装备的攻关和推广应用，推动建立技术标准协同体系。**四是推动项目突破，**加强商业模式和投融资方式研究创新，尽快推动一批经济性好、示范性强的清洁能源和电网互联互通项目落地实施。

　　构建非洲能源互联网，符合非洲各国共同利益，前景广阔、大有可为。衷心希望有关各方携手努力、密切协作，大力推动非洲能源互联网建设，促进非洲可持续发展，共创全人类更加美好的明天！

附录 1 研究方法与模型

1.1 总体框架

全球能源互联网研究以实现绿色清洁方式满足能源需求为目标，统筹考虑经济、社会、气候／环境和资源等因素，重点开展能源电力供需预测、电网互联方案研究和综合效益分析等。总体研究框架如附图 1-1 所示。

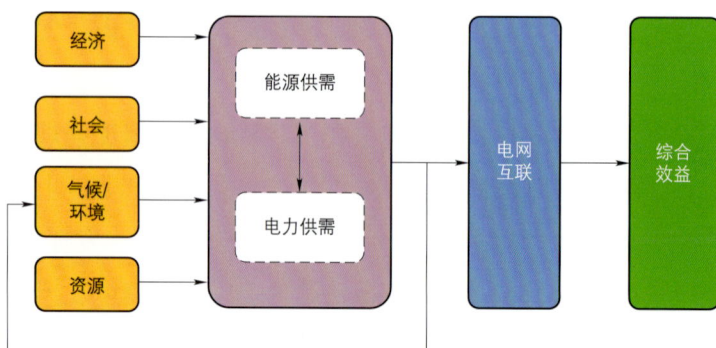

附图 1-1 全球能源互联网研究框架

1.2 主要模型

1.2.1 能源电力需求预测模型

能源电力需求预测模型是基于全球能源电力系统的复杂性以及能源电力转型的多目标导向，按照"自上而下"和"自下而上"相辅相成的思路，采用"模拟"与"优化"相结合方法，形成适用于中长期能源电力需求预测模型，如附图 1-2 所示。

"自上而下"是从宏观到微观，分析宏观经济发展对能源需求的影响；"自下而上"是从微观到宏观，分析各部门能源技术进步、效率提升、环境约束、能源政策等因素对能源需求的影响，预测能源消费强度、能源总体结构等。根据能源服务需求、能源消费强度等预测结果，采用回归分析、趋势外推、增长曲线等"模拟"方法，结合多目标或单目标"优化"模型实现终端能源电力需求预测。最后，考虑发电、供热、炼油等加工转换环节效率，计算全球／区域分品种一次能源需求。

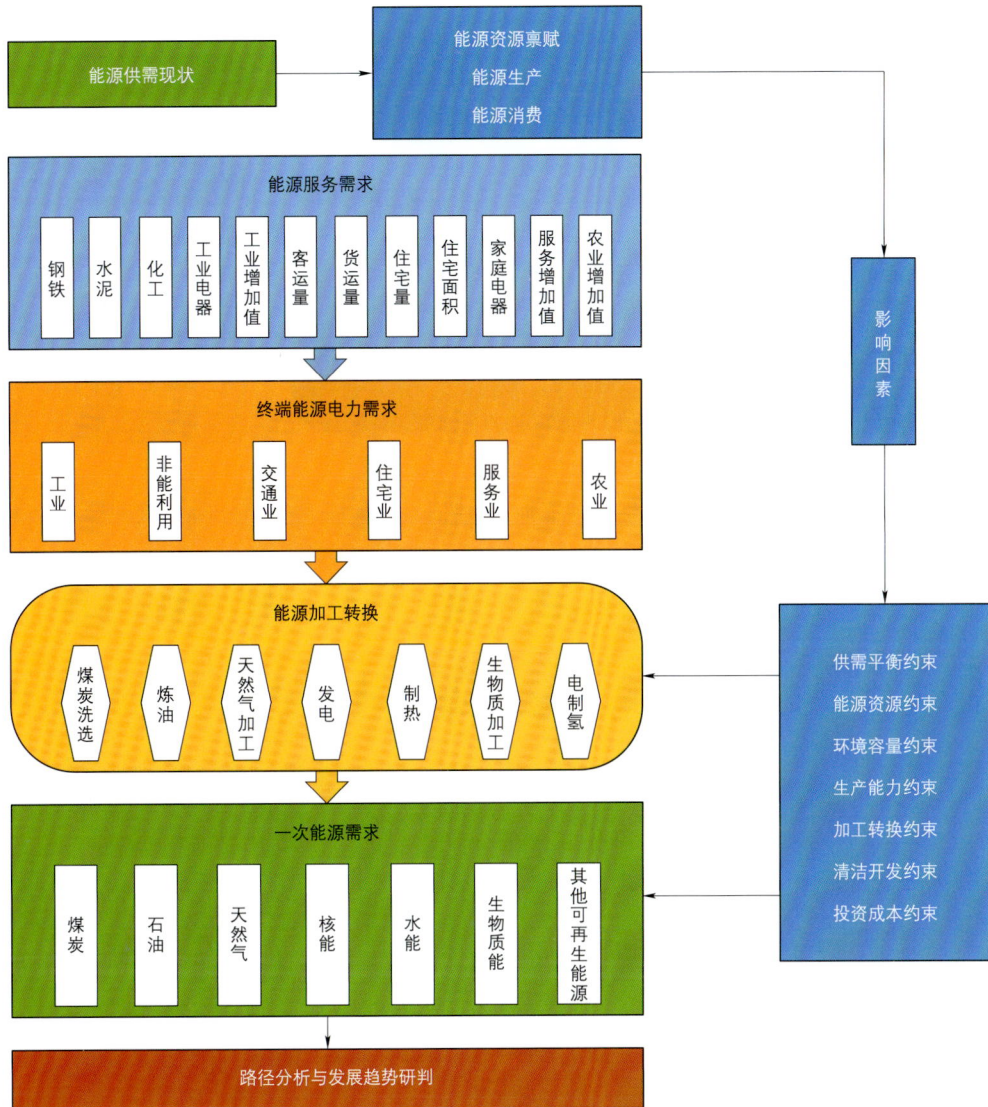

附图 1-2　能源电力需求预测模型

1.2.2　电源装机规划模型

电源装机规划模型主要以规划期内包括建设成本、运行维护成本和燃料成本等全社会总成本最低为目标，以能源政策、环境约束、能源资源、电力电量平衡等为约束条件，通过优化求解得到规划水平年装机规模、各类装机构成、开发时序、碳排放等，如附图 1-3 所示。

1.2.3　清洁能源资源评估模型

水能、太阳能和风能资源的开发利用是构建全球能源互联网的核心内容之一。清洁能源资源评估模型主要包括水能和风光能源资源评估模型，通过资源数据、数值模拟和算法研究得出评估指标，如附图 1-4 所示。评估指标主要有理论蕴藏量和技术可开发量，结合具体建设条件可以形成大型基地的初步开发方案。

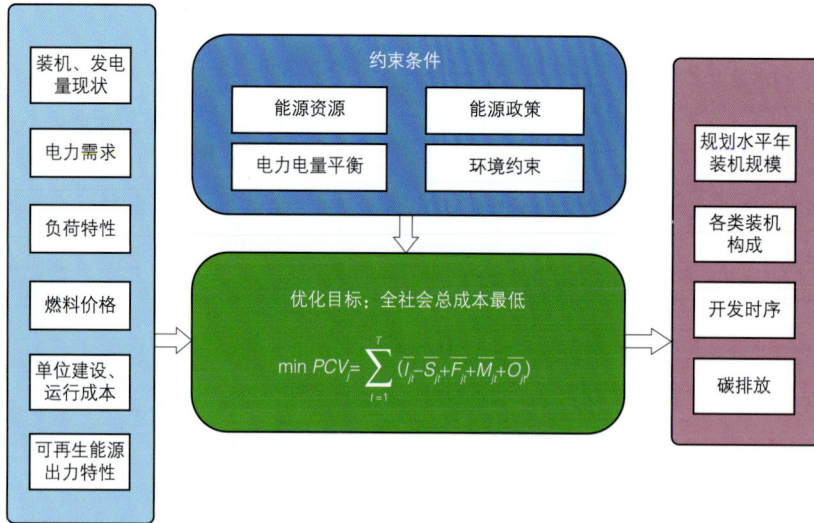

附图 1-3　电源装机规划模型

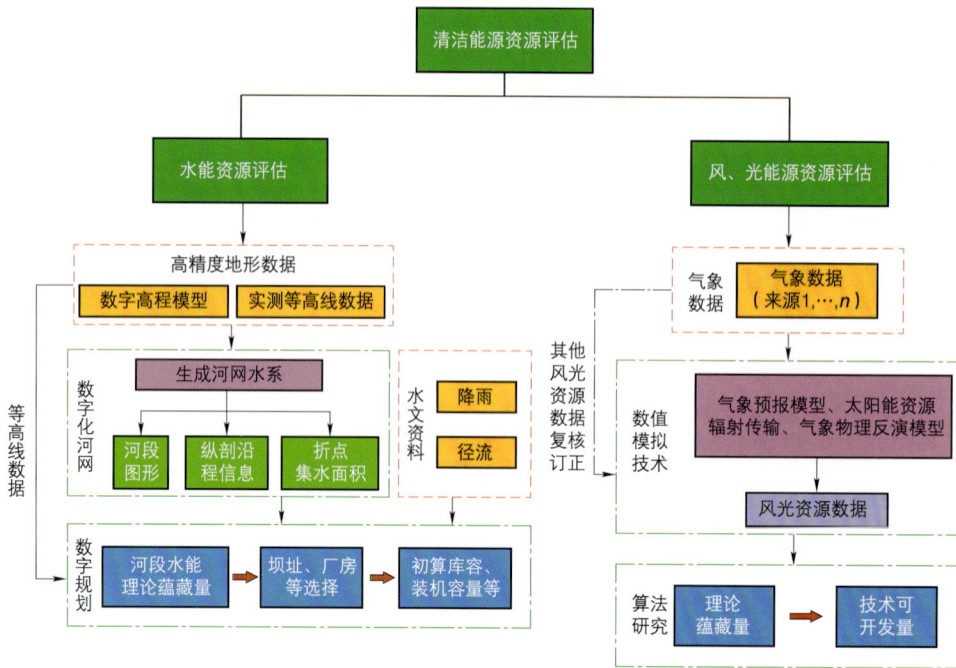

附图 1-4　清洁能源资源评估模型

理论蕴藏量：水能理论蕴藏量以高精度地形数据为基础，通过填洼、流向、流量分析生成数字化河网。数字化河网具有完整的河网拓扑结构，可提取河段的矢量图形；河段长度、落差、比降等纵剖沿程信息；河段折点处的集水面积。结合流域降雨、河流径流等水文数据可计算每个河段的水能理论蕴藏量。风光资源的理论蕴藏量评估目前常用的有两种方法，一是观测资料法，利用风电场／光伏电站旁边气象站的长期观测资料，评估该地区资源理论蕴藏量。二是数值模拟法，利用卫星观测数据及气象数据，建立气象数值模型来模拟地面大气运行过程和地形对大气运动的作用，求得气候资源在空间上的分布趋势和给定区域内风光资源的分布状况。开展全球范围的风、光资源评估，主要采用数值模拟方法，该方法具有数据来源统一、覆盖范围完整的优势，在一些重点国家和局部地区，可以辅以地面气象站观测数据进行复核和订正。

技术可开发量：卫星遥感、大数据和智能算法的推广应用，为开展全球范围的水电、风电和光伏发电资源精细化评估创造了条件。以地形等高线数据为基础，结合城镇分布、人口分布、交通设施、自然保护区、已建梯级等选址辅助数据，可确定水电站坝址、厂房等位置。根据位置信息可初拟水电站特征水位、计算库容、装机容量等水能参数。在风、光资源条件基础上，结合地理高程信息可以考虑地形、地貌的影响，结合地物覆盖，也就是耕地、森林分布信息，再加上各类自然保护区可以考虑人类活动的影响，结合断层、岩层可以考虑地质条件的影响，准确测算可开发利用的有效土地面积，再结合发电技术装备参数，计算技术可开发量。

1.2.4 综合效益评估模型

综合效益评估模型以 GTAP-E 模型为基础，通过在生产模块中新增能源替代特性，并进一步在算法、福利分解等方面进行修改，全面评估全球能源互联网经济社会效益，如附图 1-5 所示。包括生产模块、消费模块和国际贸易模块，详细刻画了各地区生产者、家庭和政府等主要经济主体的行为方式，构建了能够反映区域经济运行的均衡体系。模型在 GTAP-E 基础上，

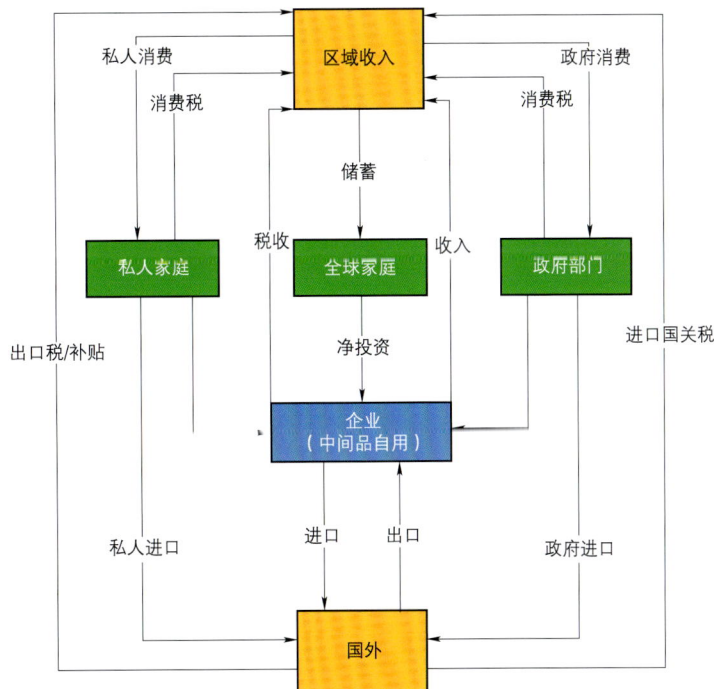

附图 1-5 综合效益评估模型框架

通过整合 GTAP-Power 数据库，扩展了 GTAP-E 原有的要素－能源嵌套结构，充分反映全球能源互联网的清洁替代和电能替代特点，如附图 1-6 所示。在区域和产业划分过程中，结合全球能源互联网布局和全球电力贸易流格局，全面评估清洁发展、电能替代和电力贸易等对全球经济活动的影响。

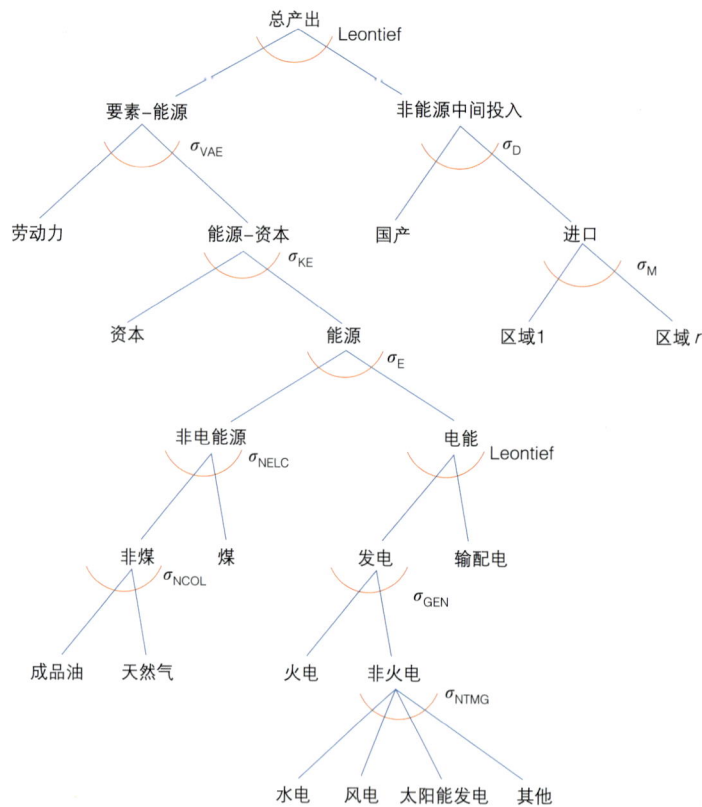

附图 1-6　生产模块嵌套结构

附录 2　基础数据表

国家 / 地区	人口 （万人）	GDP 总量 （亿美元）	GDP 增长率 （%）	人均 GDP （美元）	出口额 （亿美元）	进口额 （亿美元）	碳排放量 （百万吨）	电力普及率 （%）
摩洛哥	3558	1097	4.1	3036	407	511	55.3	100.0
阿尔及利亚	4139	1676	1.6	4048	379	561	127.6	99.4
突尼斯	1143	400	1.8	3494	174	223	25.2	100.0
利比亚	658	381	26.7	5792	145	132	43.3	98.5
埃及	9644	2354	4.2	2441	372	690	204.8	100.0
尼日尔	2160	81	4.9	376	13	27	1.9	16.2
尼日利亚	18596	3757	0.8	1969	495	495	—	59.3
贝宁	1118	92	5.8	827	25	37	14.1	41.4
多哥	770	48	4.4	619	16	21	10.3	46.9
布基纳法索	1919	123	6.3	642	32	32	—	19.2
加纳	2912	590	8.1	2026	208	226	—	79.3
科特迪瓦	2444	381	7.7	1557	128	118	—	64.3
利比里亚	470	33	2.5	699	8	32	—	19.8
毛里塔尼亚	428	50	3.0	1162	22	41	—	41.7
马里	1851	153	5.4	829	35	59	—	35.1
塞拉利昂	749	37	4.2	499	10	18	—	20.3
几内亚	1207	99	13.4	822	47	59	—	33.5
几内亚比绍	183	13	5.9	737	4	4	—	14.7
塞内加尔	1542	211	7.1	1367	46	75	8.2	64.5
佛得角	54	18	4.0	3295	8	12	—	92.6
冈比亚	221	15	4.6	673	3	6	—	47.8
乍得	1502	100	-3.0	664	34	40	—	8.8
喀麦隆	2457	349	3.5	1422	65	79	6.1	60.1
中非	460	22	4.5	472	3	7	—	14.0
赤道几内亚	126	123	-4.7	9738	71	49	—	67.9
加蓬	206	149	0.5	7213	75	37	3.4	91.4

续表

国家 / 地区	人口（万人）	GDP 总量（亿美元）	GDP 增长率（%）	人均 GDP（美元）	出口额（亿美元）	进口额（亿美元）	碳排放量（百万吨）	电力普及率（%）
刚果（布）	511	87	−3.1	1703	82	57	2.6	56.6
刚果（金）	8140	380	3.7	467	134	148	2.0	17.1
圣多美和普林西比	21	4	3.9	1811	—	—	—	65.4
苏丹	3985	1231	4.3	3015	119	145	—	38.5
南苏丹	1091	—	—	—	—	—	—	8.9
埃塞俄比亚	10640	817	9.5	768	62	192	10.9	42.9
肯尼亚	5022	788	4.9	1568	104	191	15.7	56.0
乌干达	4117	260	3.9	632	47	66	—	27.0
厄立特里亚	341	—	—	—	—	—	0.6	46.7
吉布提	94	18	4.1	1954	6	14	—	51.8
卢旺达	1198	91	6.1	762	17	30	—	29.4
布隆迪	1083	32	0.5	293	—	—	—	7.6
坦桑尼亚	5305	533	6.8	1005	81	91	10.6	32.8
索马里	1459	71	—	489	10	48	—	29.9
科摩罗	81	11	2.7	1312	1	3	—	77.8
塞舌尔	10	15	4.3	15684	14	15	—	100.0
安哥拉	2982	1221	−0.1	4096	354	284	19.6	40.5
博茨瓦纳	221	174	2.9	7894	70	59	7.0	60.7
莱索托	209	26	−2.3	1233	—	—	—	29.7
马拉维	1767	63	4.0	357	18	23	—	11.0
纳米比亚	240	136	−0.9	5646	51	63	4.1	51.8
南非	5701	3489	1.3	6121	1039	991	414.4	84.2
斯威士兰	136	—	—	—	—	—	—	65.8
莫桑比克	2865	127	3.7	442	52	92	7.2	24.2
赞比亚	1685	259	3.4	1535	91	87	3.6	27.2
津巴布韦	1424	228	4.7	1602	43	67	10.3	38.1
马达加斯加	2557	115	4.3	448	41	45	—	22.9
毛里求斯	126	133	3.8	10485	56	73	4.0	98.8

注　人口数据来自联合国，碳排放数据来自IEA，其他数据来自世界银行，其中碳排放和电力普及率为2016年数据，其余均为2017年数据。

附表 2-2 非洲能源发展现状与展望

区域	一次能源需求（亿吨标准煤）			清洁能源占一次能源比重（%）			终端能源需求（亿吨标准煤）			电能占终端能源比重（%）		
	2016	2035	2050	2016	2035	2050	2016	2035	2050	2016	2035	2050
北部非洲	2.7	4.2	5.2	6	20	42	1.8	2.7	3.2	20	38	51
西部非洲	2.9	4.6	6.5	75	66	64	2.4	3.3	4.1	3	19	31
中部非洲	0.7	1.5	2.3	89	72	71	0.5	1.0	1.4	4	20	28
东部非洲	2.3	3.8	5.3	87	58	59	1.6	3.0	3.8	3	9	17
南部非洲	3.1	5.1	6.2	33	41	52	1.8	3.4	4.0	18	25	33

注 表中数据根据国际能源署数据估算。

附表 2-3 非洲电力发展现状与展望

国家/地区	2016 年				2035 年				2050 年			
	用电量（亿千瓦时）	年人均用电量（千瓦时）	总装机容量（万千瓦）	人均装机容量（千瓦）	用电量（亿千瓦时）	年人均用电量（千瓦时）	总装机容量（万千瓦）	人均装机容量（千瓦）	用电量（亿千瓦时）	年人均用电量（千瓦时）	总装机容量（万千瓦）	人均装机容量（千瓦）
摩洛哥	311	880	836	0.24	1010	2382	2689	0.63	1480	3241	3509	0.77
阿尔及利亚	523	1287	1927	0.47	1330	2604	5377	1.05	2000	3482	8504	1.48
突尼斯	156	1365	577	0.51	320	2431	2100	1.60	420	3025	2582	1.86
利比亚	140	2221	946	1.50	200	2630	2310	3.04	300	3693	2453	3.02
埃及	1623	1696	4506	0.47	4890	3812	12417	0.97	7500	4888	20047	1.31
尼日尔	10	47	18	0.01	120	287	798	0.19	350	511	1625	0.24
尼日利亚	253	136	1260	0.07	2200	740	5260	0.18	4200	1023	9900	0.24
贝宁	12	106	32	0.03	95	541	207	0.12	160	669	388	0.16
多哥	12	163	23	0.03	55	472	108	0.09	115	752	243	0.16
布基纳法索	16	83	34	0.02	160	515	621	0.20	350	810	1321	0.31
加纳	95	338	380	0.13	610	1498	1478	0.36	1280	2497	2870	0.56
科特迪瓦	66	279	191	0.08	404	1083	770	0.21	840	1635	1880	0.37
利比里亚	4	76	15	0.03	75	1031	258	0.35	160	1632	447	0.46
毛里塔尼亚	11	246	56	0.13	85	1256	605	0.89	150	1673	1393	1.55
马里	30	166	59	0.03	125	403	777	0.25	260	591	1660	0.38
塞拉利昂	2	33	11	0.02	115	1088	338	0.32	220	1696	637	0.49

国家 / 地区	2016 年				2035 年				2050 年			
	用电量（亿千瓦时）	年人均用电量（千瓦时）	总装机容量（万千瓦）	人均装机容量（千瓦）	用电量（亿千瓦时）	年人均用电量（千瓦时）	总装机容量（万千瓦）	人均装机容量（千瓦）	用电量（亿千瓦时）	年人均用电量（千瓦时）	总装机容量（万千瓦）	人均装机容量（千瓦）
几内亚	9	73	55	0.04	730	3689	934	0.47	1498	5579	1460	0.54
几内亚比绍	1	78	3	0.02	10	363	47	0.17	30	833	136	0.38
塞内加尔	37	243	98	0.06	125	503	501	0.20	250	735	841	0.25
佛得角	4	685	16	0.30	15	2256	74	1.11	20	2725	130	1.77
冈比亚	3	137	12	0.06	16	485	66	0.19	27	592	98	0.21
乍得	2	16	5	0.00	40	164	102	0.04	110	327	230	0.07
喀麦隆	64	274	156	0.07	400	1084	1518	0.41	800	1606	2492	0.50
中非	2	35	4	0.01	18	265	31	0.05	44	489	90	0.10
赤道几内亚	5	393	35	0.29	20	950	76	0.36	40	1420	135	0.47
加蓬	20	1020	67	0.34	90	3190	275	0.97	210	5973	600	1.71
刚果（布）	8	158	61	0.12	400	4833	1420	1.72	800	6950	2570	2.23
刚果（金）	79	100	260	0.03	570	413	3252	0.24	1400	709	9852	0.50
圣多美和普林西比	1	305	2	0.09	3	1014	18	0.59	6	1579	36	0.93
苏丹	125	316	343	0.09	375	615	1505	0.25	798	993	4478	0.56
南苏丹	4	33	8	0.01	20	104	211	0.11	60	237	525	0.21
埃塞俄比亚	88	86	443	0.04	535	350	3488	0.23	1500	786	7900	0.41
肯尼亚	83	171	240	0.05	450	607	1530	0.21	950	995	3579	0.37
乌干达	26	62	102	0.02	140	191	711	0.10	370	350	1496	0.14
厄立特里亚	3	69	16	0.03	20	270	148	0.20	40	416	285	0.30
吉布提	4	424	13	0.14	11	915	130	1.09	16	1224	262	2.00
卢旺达	5	45	19	0.02	28	160	103	0.06	80	366	223	0.10
布隆迪	4	38	7	0.01	25	139	84	0.05	80	311	150	0.06
坦桑尼亚	54	96	146	0.03	380	396	1418	0.15	1000	724	3570	0.26
索马里	3	22	9	0.01	25	101	150	0.06	90	251	440	0.12
科摩罗	0.4	49	3	0.03	3	258	12	0.10	9	615	34	0.23
塞舌尔	3	3468	9	0.94	5	5102	30	3.06	7	7216	53	5.46
安哥拉	89	310	261	0.09	592	1148	1695	0.33	961	1263	2810	0.37
博茨瓦纳	35	1546	74	0.33	66	2212	636	2.14	92	2688	1550	4.53

续表

国家/地区	2016 年				2035 年				2050 年			
	用电量（亿千瓦时）	年人均用电量（千瓦时）	总装机容量（万千瓦）	人均装机容量（千瓦）	用电量（亿千瓦时）	年人均用电量（千瓦时）	总装机容量（万千瓦）	人均装机容量（千瓦）	用电量（亿千瓦时）	年人均用电量（千瓦时）	总装机容量（万千瓦）	人均装机容量（千瓦）
莱索托	8	381	8	0.04	15	550	118	0.43	28	889	41	0.13
马拉维	13	73	38	0.02	31	102	118	0.04	47	113	290	0.07
纳米比亚	39	1577	54	0.22	65	1846	1243	3.53	110	2535	4070	9.38
南非	1928	3442	5002	0.89	4465	6675	10046	1.50	6383	8773	14100	1.94
斯威士兰	14	1065	30	0.22	20	1116	49	0.28	28	1356	68	0.33
莫桑比克	114	395	262	0.09	320	663	1373	0.28	580	856	3030	0.45
赞比亚	109	655	257	0.16	449	1580	750	0.26	696	1697	1110	0.27
津巴布韦	73	451	212	0.13	267	1133	945	0.40	475	1603	1560	0.53
马达加斯加	16	64	68	0.03	100	251	360	0.09	180	335	685	0.13
毛里求斯	27	2160	89	0.71	50	3897	162	1.26	70	5733	337	2.76

注　2016 年数据来自美国能源信息署。

附表 2-4　非洲电源装机结构现状与展望

单位：万千瓦

国家/地区	火电			水电			风电			太阳能			生物质发电			地热和核电		
	2016	2035	2050	2016	2035	2050	2016	2035	2050	2016	2035	2050	2016	2035	2050	2016	2035	2050
摩洛哥	549	743	637	177	320	320	90	300	700	20	1326	1852	0	0	0	0	0	0
阿尔及利亚	1874	3227	3320	28	30	30	1	300	500	24	1820	4654	0	0	0	0	0	0
突尼斯	542	554	490	7	7	7	25	200	400	4	1339	1685	0	0	0	0	0	0
利比亚	946	891	320	0	0	0	0	200	400	1	1219	1733	0	0	0	0	0	0
埃及	4132	7636	7323	285	348	348	75	800	1600	7	3633	10776	7	0	0	0	0	0
尼日尔	18	238	500	0	25	25	0	50	150	1	460	900	0	25	50	0	0	0
尼日利亚	1053	2260	3700	204	760	1500	0	275	500	2	1700	3500	0	285	700	0	0	0
贝宁	31	65	100	0	40	68	0	0	0	1	52	150	0	50	70	0	0	0
多哥	16	30	90	7	18	20	0	3	3	0	42	100	0	15	30	0	0	0
布基纳法索	30	120	240	3	11	11	0	120	300	1	300	650	0	70	120	0	0	0
加纳	219	705	860	158	230	240	0	53	150	3	400	1200	0	90	420	0	0	0
科特迪瓦	131	313	630	60	140	150	0	0	0	1	200	800	0	118	300	0	0	0

国家/地区	火电			水电			风电			太阳能			生物质发电			地热和核电		
	2016	2035	2050	2016	2035	2050	2016	2035	2050	2016	2035	2050	2016	2035	2050	2016	2035	2050
利比里亚	12	43	60	3	170	282	0	0	0	0	15	30	0	30	75	0	0	0
毛里塔尼亚	39	90	260	10	55	63	3	150	250	4	295	800	0	15	20	0	0	0
马里	40	155	300	18	145	220	0	80	200	1	375	900	0	22	40	0	0	0
塞拉利昂	3	55	190	6	218	300	0	0	0	0	55	130	3	10	17	0	0	0
几内亚	18	220	350	37	320	400	0	40	50	0	254	500	0	100	160	0	0	0
几内亚比绍	3	14	30	0	10	16	0	1	10	0	17	60	0	5	20	0	0	0
塞内加尔	83	250	300	8	19	21	0	43	80	4	175	400	3	15	40	0	0	0
佛得角	13	0	0	0	3	5	3	30	50	1	36	70	0	5	5	0	0	0
冈比亚	11	23	45	0	7	7	0	16	1	0	14	35	0	6	10	0	0	0
乍得	5	70	140	0	0	0	0	12	30	0	20	60	0	0	0	0	0	0
喀麦隆	82	150	250	73	1200	1822	0	11	20	1	75	200	0	82	200	0	0	0
中非	2	1	0	2	30	80	0	0	0	0	0	0	0	0	10	0	0	0
赤道几内亚	21	13	10	15	45	85	0	0	0	0	18	40	0	0	0	0	0	0
加蓬	34	55	60	33	165	420	0	0	0	0	15	40	0	40	80	0	0	0
刚果（布）	38	300	300	23	1000	2100	0	20	20	0	65	100	0	35	50	0	0	0
刚果（金）	4	130	102	255	3120	9750	0	0	0	0	2	0	0	0	0	0	0	0
圣多美和普林西比	2	2	5	0	1	1	0	5	10	0	10	20	0	0	0	0	0	0
苏丹	163	310	480	160	475	730	0	200	750	1	500	2500	19	20	18	0	0	0
南苏丹	8	31	50	0	140	300	0	0	0	0	40	175	0	0	0	0	0	0
埃塞俄比亚	14	150	250	381	2400	3500	32	180	800	1	500	3000	14	28	0	1	230	350
肯尼亚	79	150	222	82	95	120	3	160	600	3	500	1850	9	24	0	65	600	787
乌干达	20	100	215	71	120	180	0	5	5	3	450	1050	8	36	46	0	0	0
厄立特里亚	16	28	45	0	0	0	0	20	40	0	100	200	0	0	0	0	0	0
吉布提	13	32	53	0	0	0	0	5	30	0	85	170	0	8	9	0	0	0
卢旺达	8	28	52	10	15	26	0	0	0	1	30	100	0	30	45	0	0	0
布隆迪	1	1	0	5	43	70	0	0	0	0	40	80	0	0	0	0	0	0
坦桑尼亚	80	530	905	58	290	400	0	60	220	1	500	2000	7	38	45	0	0	0
索马里	8	20	80	0	0	0	0	50	160	0	80	200	0	0	0	0	0	0

续表

国家/地区	火电			水电			风电			太阳能			生物质发电			地热和核电		
	2016	2035	2050	2016	2035	2050	2016	2035	2050	2016	2035	2050	2016	2035	2050	2016	2035	2050
科摩罗	3	2	6	0	0	0	0	0	8	0	10	20	0	0	0	0	0	0
塞舌尔	8	8	8	0	0	0	1	12	20	0	10	25	0	0	0	0	0	0
安哥拉	128	350	380	127	930	1500	0	75	150	1	300	700	5	40	80	0	0	0
博茨瓦纳	73	150	150	0	0	0	0	155	510	0	323	880	0	8	10	0	0	0
莱索托	0	0	0	8	70	35	0	0	0	0	40	6	0	8	0	0	0	0
马拉维	0	0	0	35	70	80	0	0	0	1	40	200	1	8	10	0	0	0
纳米比亚	16	80	100	35	100	150	0	200	800	3	850	3000	0	13	20	0	0	0
南非	4097	5500	5000	340	500	500	147	1250	2500	217	2500	6000	14	110	100	186	186	0
斯威士兰	12	10	10	6	8	8	0	0	0	0	13	30	12	18	20	0	0	0
莫桑比克	41	500	1000	219	450	500	0	100	300	1	300	1200	1	23	30	0	0	0
赞比亚	14	60	90	239	500	600	0	50	100	0	125	300	4	15	20	0	0	0
津巴布韦	124	250	350	78	475	600	0	20	50	1	150	500	10	50	60	0	0	0
马达加斯加	50	80	100	16	220	420	0	10	30	1	40	120	0	10	15	0	0	0
毛里求斯	71	85	100	6	8	8	1	10	50	2	50	170	9	9	9	0	0	0

注　2016 年数据来自美国能源信息署。

参 考 文 献

［1］ 刘振亚 . 全球能源互联网 . 北京：中国电力出版社，2015.

［2］ 刘振亚 . 特高压交直流电网 . 北京：中国电力出版社，2013.

［3］ 联合国 . 变革我们的世界：2030 年可持续发展议程，2015.

［4］ 世界气象组织 . 2018 年全球气候状况声明，2019.

［5］ 联合国政府间气候变化专门委员会 . 全球 1.5℃温升特别报告，2018.

［6］ 张宏明，王洪一 . 非洲发展报告（2017～2018）. 北京：社会科学文献出版社，2018.

［7］ 舒运国，张忠祥 . 非洲经济发展报告 . 上海：上海社会科学院出版社，2017.

［8］ 杨宝荣 . "一带一路" 倡议与中非产能合作 . 北京：中国社会科学出版社，2018.

［9］ ［加纳］乔治·B. N. 阿耶提 . 解放后的非洲：非洲未来发展的蓝图 . 周蕾蕾译，北京：民主与建设出版社，2016.

［10］ Brookings Institution. Foresight Africa，2018.

［11］ 商务部国际贸易经济合作研究院，等 . 对外投资合作国别（地区）指南系列报告 2018 版，2018.

［12］ 非洲开发银行 . Africa in 50 Years' Time：the Road Towards Inclusive Growth，2011.

［13］ 非盟委员会 . Agenda 2063：The Africa We Want，2015.

［14］ 联合国非洲经济委员会，非盟委员会 . Minerals and Africa's Development，2011.

［15］ UN Population Division. World Population Prospect，2017.

［16］ 联合国非洲经济委员会 . Greening Africa's Industraialization，2016.

［17］ 非洲开发银行、联合国环境署，等 . Atlas of Africa Energy Resources，2018.

［18］ AREI. Africa Renewable Energy Initiative：Summary，2016.

［19］ EIA. Annual Energy Outlook 2018 with projections to 2050，2018.

［20］ 国际能源署 . Africa Energy Outlook 2014，2015.

［21］ 非洲开发银行，Africa Energy Sector：Outlook 2040，2014.

［22］ Africa Energy Commission. Africa Energy Database，2016.

［23］ Mckinsey Global Institute. Brighter Africa：The Growth Potential of the Sub-Saharan Electricity Sector，2015.

[24] 国际可再生能源署 . Africa Energy Resource Potential，2014.

[25] 国际可再生能源署，美国劳伦斯伯克利国家实验室 . Renewable Energy Zones for the Africa Clean Energy Corridor，2015.

[26] 美国国际开发署 . Power Africa Roadmap，2016.

[27] 国际能源署 . 促进撒哈拉以南非洲电力发展：中国参与，2016.

[28] 中国水电顾问集团国际工程有限公司 . 非洲电力市场规划研究 . 北京：中国水利水电出版社，2015.

[29] 东部非洲电力池 . EAPP REGIONAL POWER SYSTEM MASTER PLAN，2014.

[30] 西部非洲电力池 . Update of the ECOWAS Revised Master Plan for the generation and transmission of electrical energy，2011.

[31] 南部非洲电力池 . Southern African Power Pool Annual Report 2017，2017.

[32] Parsons Brinckerhoff. Ethiopian Power System Expansion Master Plan Study，2014.

[33] Fichtner. Transmission Expansion Plan Development of Power System Master Plan for the Transmission Company of Nigeria，2017.

[34] ESKOM. South Africa's Transmission Development Plan 2019 to 2028，2018.

[35] Egyptian Electricity Holding Company. Annual Report 2018.

图书在版编目（CIP）数据

非洲能源互联网研究与展望 / 全球能源互联网发展合作组织著 . —北京：中国电力出版社，2019.11
ISBN 978-7-5198-3940-6

Ⅰ．①非… Ⅱ．①全… Ⅲ．①互联网络－应用－能源发展－研究－非洲 Ⅳ．①F440.62

中国版本图书馆 CIP 数据核字（2019）第 250710 号

审图号：GS（2019）5613 号

出版发行：	中国电力出版社
地　　址：	北京市东城区北京站西街 19 号（邮政编码 100005）
网　　址：	http://www.cepp.sgcc.com.cn
责任编辑：	刘红强（010-63412520）
责任校对：	黄　蓓　马　宁
装帧设计：	张俊霞
责任印制：	钱兴根

印　　刷：	北京盛通印刷股份有限公司
版　　次：	2019 年 11 月第一版
印　　次：	2019 年 11 月北京第一次印刷
开　　本：	880 毫米 ×1230 毫米　16 开本
印　　张：	9.25
字　　数：	201 千字
定　　价：	140.00 元